Edición exclusiva impresa bajo demanda por CreateSpace, Charleston SC.

1.ª edición: junio de 2016
2.ª edición: abril de 2017

Editorial Alfa
Apartado postal 50304. Caracas 1050, Venezuela
Telf.: [+58-212] 762.30.36 / Fax: [+58-212] 762.02.10
e-mail: contacto@editorial-alfa.com
www.editorial-alfa.com

ISBN: 978-980-354-403-4

Diseño de colección
Ulises Milla Lacurcia

Diagramación
Belén Rojas Guardia

Corrección
Magaly Pérez Campos

Fotografía de solapa
Efrén Hernández

Imagen de portada
Reproducción del retrato de Juan Vicente Gómez de Tito Salas. 1935.
Archivo Fotografía Urbana.

Printed by CreateSpace, An Amazon.com Company

ELÍAS PINO ITURRIETA

Positivismo y gomecismo

EDITORIAL **ALFA**

Índice

Sobre el tercer regreso

DE 1978 A 2016 HA TRANSCURRIDO mucho tiempo. No solo han cambiado las cosas del país, sino también el conocimiento sobre ellas. En ese lapso circularon dos ediciones de *Positivismo y gomecismo* y ahora vuelve a los lectores debido al interés de los generosos autócratas de Alfa. Conviene, por lo tanto, insistir en lo que se dijo en 2005, cuando la Academia Nacional de la Historia lo dio a la estampa por segunda vez en la colección Libro Breve.

Recordar, primero, que el gomecismo se ha sometido a un caudaloso estudio a través del cual se pueden poner en remojo los conocimientos que se ofrecen de nuevo ahora sin modificaciones. La bibliografía sobre el período y sobre el dictador se ha enriquecido, hasta el punto de producir reflexiones que los historiadores no se habían planteado en la primera mitad del siglo xx. Deducir, por lo tanto, cómo es bien probable que lo escrito sobre el asunto hace más de tres décadas no deba consumirse con la misma confianza. Están avisados, estimados lectores. Es cuestión de meter la lupa con atención, para establecer analogías con las obras que vieron la luz en ese lapso y pescar las goteras que puedan advertirse en un techo demasiado trajinado.

Decir, después, algo sobre el estilo del escribidor. En 1978 llenaba sus páginas con una prosa que ahora ha cambiado y debido a cuya mudanza tuvo la tentación de una poda saludable, más a tono con las formas que ahora prefiere, pero decidió no hacerlo. El libro es el mismo de antes, aun cuando clamaba por retoques y por la eliminación de cierto estilo afectado con el cual se toparán otra vez para evitar cierta limpieza de carmín y diversas desapariciones de la tiesura que lo hubieran convertido en un trabajo distinto y, en consecuencia, fraudulento en alguna forma.

Positivismo y gomecismo puede atraer a los lectores de nuestros días porque pretendió y pretende ser una aproximación solvente al asunto que ocupa sus páginas, pero también, en especial, por el retorno del personalismo al control de la sociedad y por la consiguiente aparición de los apologistas y los aduladores del mandón o de los mandones de turno, que ahora pululan sin el menor sonrojo. No calzan las botas de quienes legitimaron a don Juan Vicente, según se desprenderá de la lectura que hagan a continuación, pero llevan a cabo una faena semejante. Tal vez no hayan dejado constancia de las facturas cobradas por el servicio, no en balde la evolución de las servidumbres sugiere los ocultamientos de rigor; quizá no estén tan seguros de la trascendencia de su trabajo, como lo estuvieron las plumas gomeras, pero las han imitado con fervor digno de mejor causa.

Sea como fuere, el librito puede permitir el seguimiento de una permanencia capaz de aclarar muchas cosas de lo que fue y es en Venezuela un tipo de intelectuales al servicio de las dictaduras. Si hace algún servicio en tal sentido, el autor, sin ser positivista, se complace con el tercer paseíllo que hace con una obra de juventud que puede tener utilidad.

Elías Pino Iturrieta
Caracas, 16 de febrero de 2016

Nota para la segunda edición

Caí en cuenta del envejecimiento del texto que hoy sale de nuevo de la imprenta cuando miré otra vez la parte de los agradecimientos en la Introducción de la primera tirada. Manifestaba entonces mi reconocimiento a un estudiante de Ciencias Políticas, Carlos Romero Méndez, quien se había ocupado de copiar fichas de trabajo y de cotejar algunas fuentes en las bibliotecas de la ciudad. Hoy Carlos Romero Méndez no es el beneficiario de una bolsa de trabajo en el Centro de Estudios Latinoamericanos Rómulo Gallegos, en cuyas tertulias de una época inolvidable le puse el ojo para que me auxiliara en averiguaciones sobre nuestros positivistas convertidos en apologistas de un autócrata, sino un destacado catedrático de la Universidad Central de Venezuela, un investigador de obra solvente y un analista a quien habitualmente se acude para que ilustre sobre relaciones internacionales y sobre asuntos de la política nacional. El tránsito del mozalbete, convertido hoy en un profesional reconocido por sus obras, llama la atención en torno a cómo han variado los conocimientos alrededor de un asunto investigado hace casi tres décadas.

Estábamos entonces en el Instituto de Estudios Hispanoamericanos de la Universidad Central de Venezuela poniendo en marcha los primeros capítulos de un trabajo en equipo que se denominó «Proyecto Castro-Gómez», bajo la dirección del maestro Eduardo Arcila Farías y asesorados por el maestro Ramón J. Velásquez. Del esfuerzo salieron, aparte de un conjunto de monografías que cambiaron la óptica que se tenía del período transcurrido entre el comienzo del siglo xx y el año 1935, dos volúmenes de correspondencia privada elaborados por un entusiasta elenco cuyos integrantes –Héctor Acosta, América Cordero, Raquel Gamus, Elías Pino Iturrieta, Inés Quintero, Luis Cipriano Rodríguez y Yolanda Segnini– ascendimos sorprendidos y ufanos la escalera del estrellato al comprobar cómo los ejemplares se agotaban en las librerías mientras los destinatarios solicitaban nuevas entregas. El éxito de *Los hombres del Benemérito. Epistolario inédito* marcó un capítulo ineludible en los procesos de reconstrucción del pasado reciente desde un medio usualmente alejado de los relumbrones del *best seller*. En el tráfago de esas inquietudes apareció *Positivismo y gomecismo*, publicado por la Facultad de Humanidades y Educación en abril de 1978.

Tales realizaciones no solo traen estimulantes recuerdos, sino también una advertencia sobre el agua movida por el caudal de la historiografía ocupada del período y del personaje que constituyen el eje del análisis que ahora reaparece. En adelante sucedió una verdadera creciente, cuya desembocadura fue el tiempo de Juan Vicente Gómez. De la lectura benévola del autor se desprende que sus páginas no han perdido vigencia, que se pueden aprovechar para el entendimiento del gomecismo desde la perspectiva de la Historia de las Ideas, pero conviene tomar en cuenta los aportes que han enriquecido y modificado la interpretación de la época y el juicio sobre su ineludible encarnación. Seguramente conducirán a reproches que no ha visto el indulgente padre de la criatura. Lleno de prevenciones, pues, queda otra vez el texto en las manos de los lectores.

Como ahora la estampa es patrocinada por la Academia Nacional de la Historia a través del Departamento de Publicaciones que dirige Simón Alberto Consalvi, editor escrupuloso y lúcido historiador, se puede creer que la investigación vuelve a la calle llena de ilusiones y de hallazgos cuando el asistente de sus orígenes,

Carlos Romero Méndez, debe estar a punto de jubilarse como catedrático en la universidad, y cuando el «Proyecto Castro-Gómez» concluyó su ciclo después de una fructífera actividad. Ojalá tenga un poco de verdad la presunción, pero lo más probable es que haya resucitado por la magnanimidad de la Corporación y por el desprendimiento de un amigo excepcional.

Elías Pino Iturrieta
Caracas, 26 de abril de 2005

Introducción

1. El pensamiento positivista inicia su influencia en Venezuela en la sexta década del siglo XIX para producir una efectiva renovación del quehacer intelectual. La temprana alocución de Rafael Villavicencio (diciembre de 1866) –recibida con entusiasmo por los estudiantes, divulgada por la prensa de Caracas– y la labor docente de Adolfo Ernst, Gaspar Marcano y Teófilo Rodríguez desbrozan el camino para la penetración del nuevo método. En las aulas de la Universidad Central, en la flamante Sociedad de Ciencias Físicas y Naturales y en los fascículos de *Vargasia* y *El Federalista*, se reiteran las excelencias de la escuela de Comte y se dan a conocer los principios del evolucionismo. Tres generaciones de estudiosos –juristas, médicos, historiadores, sociólogos– divulgan la nueva corriente y hacen que predomine su ascendencia por lo menos hasta 1935. Fogosas polémicas con sectores del clero y con profesionales laicos aún apegados a los esquemas tradicionales dinamizan la escena académica con desacostumbrados debates, parecidos a los que promovió la penetración de la modernidad en los albores de la independencia. Desde el campo de la biología hasta el campo de la literatura, la nueva orientación conmueve al país durante el guzmanato[1].

En el ambiente predominan las directrices de Augusto Comte, en especial aquellas referidas a la posibilidad del descubrimiento

---

1   Cf.: Luis Beltrán Guerrero, *Perpetua Heredad*. Domingo Miliani, *Vida Intelectual de Venezuela*. Arturo Úslar Pietri, *Hombres y Letras de Venezuela*.

de leyes sociales, a la conexión con la metodología propia de las ciencias físicas y naturales y al principio de los tres estadios a través de cuyo transcurso se produciría el advenimiento de la positividad racional. Asimismo, la exaltación extrema del progreso como meta de las colectividades y el vínculo de tal progreso con el establecimiento de un proceso ordenado de la vida gregaria. El evolucionismo de Herbert Spencer, cuyo fundamento encontrábase en los textos de Darwin, impacta de igual suerte a los venezolanos. Las obras de Stuart Mill, Littré, Renan, Taine y Le Bon adquieren gran fortuna en el gusto de los jóvenes que en el futuro gobernarán el país[2].

A primera vista el cuerpo doctrinario ofrecía la posibilidad de aplicar un lenitivo a los problemas nacionales. Su despectivo rechazo de la metafísica y de los antiguos sistemas de conocimiento, su exagerado parentesco con las ciencias naturales, su preocupación por el examen directo de los fenómenos, el énfasis puesto sobre el aspecto práctico del trabajo científico, la probabilidad de encasillar al individuo en un apretado conjunto de leyes sociales, el atractivo objetivo del progreso sobre el cual se machacaba con insistencia, hubieron de impresionar a quienes buscaban un nuevo derrotero para Venezuela[3]. Vistas desde el prisma de la recién llegada disciplina, las perspectivas se presentaban halagüeñas en un país que, próximo el siglo xx, no había logrado descifrar el rompecabezas de un destino en bancarrota. Ante el fracaso de los ensayos anteriores –la economía en decadencia, sujeta la nación a los caudillos, menguado el influjo del liberalismo tradicional– valía la pena atarse al dictamen del positivismo.

2. En esta oportunidad no se pretende estudiar en toda su magnitud el proceso de asimilación y divulgación de tan importante movimiento ideológico. Solo interesa el análisis de la justificación

---

2   Marisa Kohn de Beker, *Tendencias positivistas en Venezuela*.
3   José Gaos, *Historia de nuestra idea del mundo*.

del gobierno de Juan Vicente Gómez por cuatro distinguidos acólitos de la corriente: Pedro Manuel Arcaya, José Gil Fortoul, Laureano Vallenilla Lanz y César Zumeta, quienes se valen de las
directrices del pensamiento positivo para construir una laboriosa
legitimación del mandato autoritario.

Como se sabe, Juan Vicente Gómez instaura en Venezuela
una cruenta dictadura que se prolonga de 1908 a 1935. Después
de adquirir fama nacional como figura de la cúpula administrativa
y castrense de la «Restauración Liberal», se adueña del poder ejecutivo sin restricciones y de manera vitalicia. Merced al reemplazo
de los caudillos del liberalismo tradicional, gracias a la fundación
de un ejército moderno y fiel, apoyado sin tasa por el imperialismo
foráneo, construye un sistema enérgico en cuyo centro prevalece
su absoluta potestad y la de sus allegados. Individuo de origen
campesino, apasionado de la vida rural, silencioso y buen observador, poco afecto a las ostentaciones, complaciente en exceso con
el capitalismo monopolista, va a gobernar con mano de hierro
durante 27 años.

Entonces las prisiones, la muerte y las torturas concluyen el
ciclo de las banderías políticas, cercenan la incipiente asociación
gremial e impiden la penetración de nuevas ideas. La fiscalización
oficial detiene la entrada de noticias sobre las naciones vecinas y
el conocimiento del pensamiento revolucionario que circula para
la época. Apenas tienen acceso las doctrinas que acomodan al gobierno, o que por lo menos no son sospechosas de «exotismo». Los
periódicos cierran sus páginas al recuento de las conmociones del
mundo europeo, y en las universidades se reitera la enseñanza pro-
gramada en el siglo XIX. Según la lógica elemental de Gómez, «de
los enemigos, como de los muertos, mejor no hablar». Las compañías explotadoras de petróleo saquean la riqueza del subsuelo con
anuencia de un gobernante cuyas arcas rebosan de dinero mientras
el pueblo continúa sumido en extremas privaciones. Es el período
de consolidación de la influencia de la burguesía y de nacimiento

del proletariado. Surge, en suma, la Venezuela contemporánea, secuestrada por el último de los grandes gamonales[4].

Los intelectuales objeto de estudio constituyen la más elevada representación de la *intelligentsia* que rodea al dictador. Disfrutan de especial valimiento y desempeñan posiciones claves en el régimen. Frecuentan la residencia del jefe y hacen su cuotidiana alabanza. Atienden a las necesidades de la burocracia y a los domésticos intereses del presidente. Son la pluma y, en algunas ocasiones, la voz de Juan Vicente Gómez.

3. En efecto, Pedro Manuel Arcaya fue individuo de gran figuración durante la dictadura. Nace en Coro el 8 de enero de 1864 y, luego de obtener el grado de abogado en la Universidad Central de Venezuela (1895), ejerce posiciones de importancia a nivel regional como concejal y secretario de Gobierno en el estado Falcón. Sus simpatías por el alzamiento del Mocho Hernández frente al presidente Castro le conducen a una breve prisión y cortan su flamante carrera. Sin embargo, a partir de 1909 otra vez desarrolla con éxito sus funciones en la administración pública. Se traslada a Caracas y es designado miembro de la Corte Federal y de Casación (1909-1913) e individuo de número de la Academia Nacional de la Historia (1910). Se aproxima cada vez más al círculo que rodea a Gómez y en 1913 es designado procurador general de la Nación, cargo que desempeña hasta su traslado al despacho de Relaciones Interiores, del cual es ministro entre 1914 y 1917. En 1925 ocupa de nuevo dicha cartera, hasta 1929. A pesar de sus elevados cargos políticos, no descuida la actividad intelectual. Escribe profusamente ensayos sobre la historia y la sociedad venezolanas, en los cuales repite la doctrina positivista

---

4   Cf.: Ramón J. Velásquez, *La caída del Liberalismo Amarillo. Tiempo y drama de Antonio Paredes.* Domingo Alberto Rangel, *Gómez, el amo del poder.* Thomas Rourke, *Gómez. Tirano de Los Andes.* Elías Pino Iturrieta, *Aproximaciones a los límites del período contemporáneo en Venezuela.* Germán Carrera Damas *et al.*, *Sesenta años de cambio político en Venezuela.* Rafael Gallegos Ortiz, *La historia política de Venezuela. De Cipriano Castro a Pérez Jiménez.*

que había consumido en la juventud, compone textos de apoyo entusiasmado al régimen, funda y preside la Academia de Ciencias Políticas y Sociales (1916) y se incorpora a la Academia Nacional de la Lengua (1917). En 1919 es elegido presidente del Congreso Nacional, luego de un año en el Senado como representante por el estado Falcón. Del Parlamento pasa al campo diplomático como embajador en los Estados Unidos (1922-1924; 1930-1935), para retirarse de la vida pública cuando culmina la misión en Norteamérica. Fallecido el dictador, la nación le acusa en dos ocasiones por excesos en el ejercicio de funciones públicas, pero defiende su gestión con valentía y continúa pregonando las excelencias del gomecismo. Muere en Caracas el 12 de agosto de 1958. Deja cerca de cuarenta obras de diferente extensión, entre las cuales destacan: *Estudios de sociología venezolana* (1948), *Influencia del elemento venezolano en la Independencia de América Latina* (1916), *Historia del Estado Falcón* (1920), *Insurrección de los negros en la serranía de Coro* (1949), *Historia de las reclamaciones contra Venezuela* (1945) y *The Gómez regime in Venezuela and its background* (1936)[5].

José Gil Fortoul fue también personalidad prominente en los cuadros mayores del gomecismo. Nacido en Barquisimeto el 29 de noviembre de 1861, estudia a nivel medio y superior cuando se fomenta en el país el imperio del positivismo. Luego de figurar entre los jóvenes opositores al guzmanato, se gradúa de doctor en Ciencias Políticas (1885) para iniciar una dilatada carrera que le conduce a las más elevadas plazas de la burocracia nacional. Entre 1886 y 1900 reside en el exterior, mientras desempeña funciones consulares en Burdeos, Hamburgo, Trinidad y Londres; y misiones diplomáticas en Francia, Suiza, Alemania y Holanda. Cuando retorna al país, Gómez lo designa miembro del Consejo de Gobierno y ministro de Instrucción Pública (1911-1912) y luego lo hace incluir en las curules de su Congreso, que preside en 1913.

---

5 *Memorias del Dr. Pedro Manuel Arcaya.*

Hombre de confianza, entre agosto de 1913 y abril de 1914 se encarga de la Presidencia de la República, para retornar más tarde al Parlamento. A partir de 1916 vuelve al mundo diplomático para cumplir misiones de trascendencia en el Ministerio Plenipotenciario para la disputa de límites con Colombia ante el presidente de la Confederación Helvética (1916-1917), en la jefatura de la Delegación de Venezuela ante la Sociedad de Naciones (1923) y en el Ministerio Plenipotenciario en México, destinado a la reanudación de nexos diplomáticos (1933). Escritor, sociólogo, historiador y jurista, descuella en las corporaciones de la cultura oficial como miembro de las Academias de la Historia y de las Ciencias Políticas, como catedrático universitario de Derecho Constitucional y como presidente de la Sociedad Venezolana de Derecho Internacional. Su deceso ocurre el 15 de junio de 1943. De su profusa producción intelectual destacan los siguientes títulos: *Filosofía Constitucional* (1890), *El Hombre y la Historia* (1890), *Filosofía Penal* (1891), *El humo de mi pipa* (1891) e *Historia Constitucional de Venezuela* (1907)[6].

El papel de Laureano Vallenilla Lanz no fue entonces menos trascendente. Vallenilla Lanz nace en Barcelona el 11 de octubre de 1870 y comienza a adquirir figuración durante el mandato de Ignacio Andrade, cuando trabaja como secretario del Ministerio del Interior. Mientras gobierna Cipriano Castro empléase como cónsul, en Santander y Ámsterdam, para retornar después del golpe que da comienzo a la privanza de Gómez. Entonces es designado superintendente de Instrucción Pública y, de inmediato, director del Archivo Nacional y senador de la República. Entre 1918 y 1930 es el portavoz del presidente en el Congreso Nacional, institución que preside durante cinco períodos. Como director de *El Nuevo Diario*, periódico fundamental de la causa, se constituye en

---

6   Juan Penzini Hernández, *Vida y obra de José Gil Fortoul*. Carlos Felice Cardot, *Gil Fortoul en la intimidad y en la diplomacia*.

manipulador de la propaganda del régimen y en figura política de extraordinaria entidad. Incursiona en la diplomacia como enviado extraordinario y ministro plenipotenciario de Venezuela en Francia (1931), y sobresale como miembro de las Academias Nacional de la Historia –que llegó a presidir–, de la Lengua y las Ciencias Políticas. Muere en París el 16 de noviembre de 1936. Aparte de discursos y alocuciones menores, destacan en su producción: *Cesarismo Democrático* (1926), *Disgregación e Integración* (1930), *Críticas de sinceridad y exactitud* (1921) y *El sentido americano de la democracia* (1926)[7].

César Zumeta destacó igualmente como colaborador de Gómez. Nace expósito en Caracas el 19 de marzo de 1864, y en su juventud la actividad política no le permite concluir estudios de leyes. Guzmán Blanco y Joaquín Crespo lo destierran y apenas puede, durante una de sus breves estadas en el país, ocupar la dirección del diario *El Universal*. Luego dirige en Nueva York la Editorial Hispanoamericana (1894). Durante los primeros años de la «Restauración Liberal» colabora con Cipriano Castro, quien le encarga labores propagandísticas en Europa, lo nombra cónsul general en Inglaterra y lo incluye en la nómina senatorial por el estado Bermúdez. Cuando se le auguraba una exitosa carrera junto al gobernante andino, rompe sus vínculos con el régimen y se convierte en declarado antagonista. Regresa después de la reacción de 1908, para ocupar en adelante importantes posiciones. En 1910 representa a Venezuela en la conmemoración del Centenario de la Independencia de Argentina; en 1912 es designado ministro de Relaciones Exteriores; en 1913 se desempeña como director de Política del Ministerio de Relaciones Interiores; en 1914 es ministro del mismo despacho y en 1932 es elegido presidente del Congreso. Personaje cardinal de nuestra diplomacia, en 1930 preside el Consejo y la Asamblea de la Sociedad de Naciones

---

7   Diego Carbonell, *Sobre la personalidad de los académicos don Laureano Vallenilla Lanz y don Esteban Gil Borges*. Ramón Díaz Sánchez, *Diez rostros de Venezuela*.

y coordina legaciones importantes en Europa. Su muerte ocurre en París el 28 de agosto de 1955. Individuo de número de la Academia Nacional de la Historia, miembro correspondiente de la Academia de la Lengua, periodista de excepcional calidad, dejó dispersas sus colaboraciones en publicaciones periódicas como: *El Anunciador* (Caracas, 1883), *La América* (Estados Unidos, 1884-1889), *El Pueblo* (Caracas, 1890), *Cosmópolis* (Caracas, 1894-1895), *América* (París, 1900), *La Revista* (París, 1901), *Némesis* (Nueva York, 1903), y *La Semana* (Nueva York, 1906-1908). *El Continente Enfermo, La ley del Cabestro, Las potencias y la intervención en Hispanoamérica* son volúmenes que recogen sus escritos de mayor significación[8].

4. La obra del cuarteto no se ha estudiado a cabalidad, a pesar de que conforma un capítulo de trascendencia en el desenvolvimiento de nuestra vida intelectual. En el conjunto de su producción refléjanse con elocuencia por lo menos tres asuntos de entidad: el problema de la importación del pensamiento como vehículo para la fábrica de un proyecto nacional, la consecuente forja de una filosofía a través del calco de la conceptuación foránea y la caracterización de un período capital de las relaciones entre los intelectuales y el poder.

Este trabajo pretende aproximarse a tales ocurrencias en forma panorámica, sin ocuparse a fondo del análisis independiente de la obra de cada uno de los autores. Es decir, antes que la completa investigación de todas las orientaciones incluidas en las fuentes, se procura la selección de los argumentos relativos al objeto político, sin la exposición de la peculiar concepción del mundo y de la historia que, a nivel general, pudo tener cada sujeto expresante. En la indagación sobre marco tan preciso se esboza el panorama de los presupuestos teóricos que distinguen al mensaje, y estúdiase la aplicación de tales presupuestos en el rastreo del ambiente inmediato y en la alabanza del dictador. El análisis encuentra exclusivo fundamento

---

8   Rafael Ángel Insausti, Prólogo a *El Continente Enfermo*.

en material primario, cuya abrumadora cantidad se trabajó con base en las referencias que parecieron más elocuentes, para evitar así repeticiones innecesarias.

Solo con el fin de no permanecer en el plano de la simple descripción, se incluye al final un breve epistolario inédito cuyo contenido aclara la etiología de las ideas objeto de estudio. No se trata de un apéndice, sino de una parte mayor del trabajo sin cuya lectura queda incompleto el marco de relaciones que se examina. Quienes pretendan ver otra cosa en el agregado de tal correspondencia desvirtúan el oficio del historiador profesional, cuya función consiste en reconstruir lo anterior y no en destruir la reputación de los protagonistas del pasado.

Tanto la recopilación de la correspondencia como la redacción del aspecto referido al andamiaje ideológico se efectuaron en el Instituto de Estudios Hispanoamericanos de la Facultad de Humanidades, dentro de los trabajos que conforman el «Proyecto Castro-Gómez», labor colectiva de investigación cuyo objetivo es la elaboración de monografías, estudios panorámicos y antologías documentales sobre el lapso comprendido entre 1899 y 1935, amplio pórtico de nuestra contemporaneidad. Coordinado por el maestro Eduardo Arcila Farías y asesorado por el historiador Ramón J. Velásquez, dicho «Proyecto Castro-Gómez» ya cuenta con dos etapas concluidas y editadas. Nuestro trabajo es apenas una pieza de ese conjunto mayor que crece progresivamente.

Las cartas proceden del Archivo Histórico de Miraflores, cuyo rastreo facilitó ampliamente la Secretaría General de la Presidencia de la República. En el fichaje de fuentes primarias se contó con la cooperación de Carlos Romero Méndez, estudiante de Ciencias Políticas y beneficiario de una bolsa de trabajo en el Departamento de Investigaciones del Centro de Estudios Latinoamericanos Rómulo Gallegos. Para él nuestra sincera gratitud.

Caracas, febrero de 1978

I. El fundamento teórico

EL ESTUDIO DE LA TEORÍA FORJADA por los intelectuales venezolanos –Pedro Manuel Arcaya, José Gil Fortoul, Laureano Vallenilla Lanz y César Zumeta– para justificar el mandato de Juan Vicente Gómez supone el anterior conocimiento de sus fundamentos doctrinarios. El cuerpo ideológico cuyo objeto es la demostración de la legitimidad de la dictadura se produce por influencia del positivismo, entonces vigente en las esferas oficiales. En consecuencia, antes de demostrar el vínculo que se advierte entre el gomecismo y el pensamiento de dichos personajes, conviene una aproximación panorámica al proceso de asimilación y divulgación de sus presupuestos filosóficos. Mediante una indagación de esta naturaleza puede captarse la coherencia o incoherencia del mensaje en el momento de su aplicación al medio venezolano, sus limitaciones y su fisonomía frente a expresiones semejantes.

En los textos referidos a la matriz ideológica, nuestros autores se presentan como pioneros de un método cuyas innovaciones absolutas iban a producir un estado de positividad racional, en el cual la sociedad, colmada de armonía interior, llegaría a un grado de sumo adelantamiento. El conducto para el acceso del nuevo período no era otro que la aplicación de la ciencia a la observación de los fenómenos sociales, con el objeto de investigar las leyes de las cuales en todo trance dependían. El imperio de los principios empíricos a través de los cuales se comprendería la evolución del país y se proyectarían las ocurrencias posteriores daba comienzo a una etapa cardinal de nuestra historia. Precisamente en la conciencia de tener las llaves para la apertura de tal lapso se encuentra el punto de arranque del aparato teórico que ahora interesa.

a) La génesis de una ciencia

En efecto, los intelectuales próximos a Gómez se sienten poseedores de un nuevo método científico, susceptible, en términos excluyentes, de disipar las penumbras dejadas por el estudio defectuoso de Venezuela. Solo con el infalible dictamen de la ciencia positiva, clave única para la comprensión de los fenómenos, podían las investigaciones desarrollar cabalmente sus objetivos. Los exámenes realizados hasta entonces eran apenas vagos rastreos de dudosa confiabilidad.

«Nada es más cierto que en la historia la influencia de las nociones vagas, de las verdades incompletas, de las ideas generales imperfectamente comprendidas, de las puras abstracciones semejantes a las nubes de Aristófanes, 'divinidades de los espíritus perezosos', solo sirven para engendrar revoluciones y demagogos...» dice Vallenilla[9], para hacer más adelante un diagnóstico severo del panorama que ofrecía el conocimiento del país antes de la recepción del pensamiento positivista. Apunta al respecto:

> La razón de que hasta hace poco tiempo no se haya emprendido en Venezuela la importante labor de investigar los orígenes políticos y sociales para explicarnos con exactitud nuestra evolución histórica, debemos buscarla en los errores científicos que aún viven en nuestra atmósfera intelectual como resabios persistentes de viejas teorías metafísicas que atribuyen a influencias extranaturales o a la voluntad libre del hombre las bases esenciales de todo fenómeno humano (...) con respecto al verdadero

---

9   Laureano Vallenilla Lanz, *Críticas de sinceridad y exactitud*, pp. 82-83.

papel de nuestros hombres dirigentes vivimos en completa ignorancia científica, en lo que se refiere al análisis de los acontecimientos jamás se ha tenido en cuenta la noción de causa y de evolución que prevalece en la ciencia moderna, y con lamentable ligereza se han venido atribuyendo al azar, o a influencias puramente individuales, fenómenos que tienen sus orígenes en las fuentes primitivas de nuestra sociedad[10].

Convenía, según Arcaya, «... introducir en la mentalidad de la clase intelectual el concepto sociológico y, por ende, pragmático con que deben verse las instituciones destinadas a regir los organismos colectivos»[11]. Mientras César Zumeta agrega, siguiendo también a Comte: «Juzgamos la más noble labor a que pueden consagrarse nuestros modernos investigadores la de aplicar al estudio de la evolución nacional los fecundos métodos positivos, a fin de que el pasado obscurecido por viejos conceptos y por la literatura épica, sea en realidad fuente de fructíferas enseñanzas»[12].

Debía partirse de cero, en cuanto los estudios anteriores no podían resistir siquiera un ligero cotejo con los corolarios producidos por la nueva ciencia. Gracias a ella:

Ya los conductores de pueblos, los creadores de nacionalidades, los fundadores de religiones, no suben al cielo ni habitan en región aparte entre los hombres y Dios, sino que caen bajo el análisis metódico y solo pueden ser considerados como los exponentes del estado típico de su época[13].

Destaca en las referencias el interés de aplicar a los fenómenos sociales los aportes de la ciencia natural, base del pensamiento de los autores europeos que más influyeron en el país (Comte, Spencer, Stuart Mill...). La orientación conduce a la inmediata

---

10 Vallenilla Lanz, *Disgregación e Integración*, pp. IV-V.
11 Pedro Manuel Arcaya, *Estudios de Sociología Venezolana*, p. 249.
12 César Zumeta, *Hombres y problemas de América Latina*, p. 366.
13 Vallenilla, *Disgregación...*, p. I.

descalificación de los asertos producidos por los estudiosos del siglo XIX, durante el lapso anterior al apogeo de la filosofía positivista. El flamante vehículo para ensayar una interpretación certera de la realidad nacional tenía fundamento en el examen directo de nuestras contingencias, no realizado hasta entonces, al decir de los nuevos pensadores[14]. El estado de las reflexiones sobre el país era caótico, en cuanto encontraba apoyo en posiciones de discutible legitimidad. Los historiadores y analistas de la sociedad no habían traspasado el lindero de las afirmaciones «peregrinas», y la generación joven debía olvidar los sinuosos aportes de la intelectualidad tradicional[15]. La propia «mezcolanza de las razas, el medio y la educación»[16], la ascendencia extrema del clericalismo[17] moldearon un conocimiento inseguro, excesivamente general y dogmático, que entraba en decadencia gracias al contundente golpe de los aires científicos.

No era sencilla la tarea:

> Los sabios que descubrieron las leyes naturales que han destruido las idealidades de la mitología y comprobado como único medio de llegar a la posesión de la verdad el método experimental, fueron a menudo recompensados con la obscuridad de las prisiones y las torturas de la hoguera[18].

Sin embargo, debíase introducir el método «que ha hecho de la historia y de la política dos ramas estrechamente ligadas a las ciencias positivas»[19]; y orientarse por «las aproximaciones biológicas que tanta luz arrojan sobre los hechos históricos»[20].

---

14 *Ibidem*, p. LVII.
15 *Ibidem*, p. XXI.
16 *Ibid.*, pp. IV-V.
17 José Gil Fortoul, *Epistolario de Gil Fortoul a Lisandro Alvarado*, p. 165.
18 Gil Fortoul, *Filosofía Constitucional*, p. 91.
19 Vallenilla, *Disgregación...*, pp. XXVII-XXVIII.
20 *Ibid.*, p. LVIII.

El símil biológico que utiliza Vallenilla para ilustrar el argumento llega al extremo cuando dice:

> Yo no concibo al bacteriólogo que odie a unos microbios y sienta amor por otros... Hay que estudiarlos, analizarlos, seguirlos en su evolución sin otra pasión, sin otro interés que los de extraer a la observación toda la utilidad posible en bien de la humanidad; y esta es también la misión del historiador y del sociólogo[21].

Para Gil Fortoul era imperiosa la propagación de las técnicas que habrían de conducir al universo aséptico del conocimiento objetivo, aun en el negado supuesto de que pudiesen producir resultados imprevistos. Refiriéndose a uno de sus escritos, dice: «Si el lector observa que nuestros juicios, conclusiones y conjeturas difieren radicalmente de los postulados, en general gratuitos, que forman la trama de las pasiones y contiendas políticas, observe también que el autor circunscribe su ensayo en el campo neutral de la especulación científica, y que, según la máxima de Spencer, todo autor que considera como verdadera e importante una teoría, tiene el deber de propagarla sin preocuparse de sus resultados, cualesquiera que sean»[22].

En suma, la historia, la política y la sociología podían valerse de la ciencia positiva para comenzar su benéfica acción en Venezuela. Los estudios debían abordar el análisis de nuestras particularidades con unas técnicas apropiadas, cuyos unívocos resultados tendrían impacto de trascendencia en la praxis. Porque «... si la sociología y la ciencia política no son utopías, su período de aplicaciones sociales y gubernativas ha de conducir inevitablemente al abandono del antiguo concepto escolástico de las fuerzas antagónicas de orden y progreso»[23].

---

21 Vallenilla, *Críticas...*, p. 226.
22 Gil Fortoul, *El hombre y la historia*, p. 332.
23 *Ibid.*, p. 403.

b) Patrones de la ciencia positiva

Para hacer expedita la intrincada topografía que presentaba el conocimiento de lo venezolano y así llegar al anhelado período de un desarrollo sólido que se amparase en una organización estable, los autores insisten en la necesidad de seguir las pautas de la ciencia positiva. La ciencia positiva no producía sus conclusiones al azar, sino mediante la aplicación de ciertas claves invariables cuyo seguimiento conduciría al efectivo rastreo del pasado, y a la utilización de tal rastreo para la proyección del futuro. Según nuestros cuatro intelectuales esas claves eran: la evolución y los elementos por ella movidos –herencia, raza, medio– y el descubrimiento de leyes sociales.

La doctrina evolucionista era, para Gil Fortoul:

> La única que puede explicar satisfactoriamente lo mismo las transformaciones del mundo inorgánico que las sucesiones biológicas y los fenómenos psicológicos, sociales e históricos[24].

De acuerdo con los postulados de Spencer y Stuart Mill, su aplicación era factible al conocimiento de cualquiera contingencia, debido al natural proceso de transformaciones que se opera en todos los cuerpos y entidades, «independientemente de la voluntad humana»[25] . En el caso de la historia, solo a través del prisma evolucionista podía aclararse la esencia de lo anterior. Aun los cambios repentinos perdían su aparente fachada de brusquedad cuando eran calibrados mediante tan novedosa clave. Porque:

> Cada período histórico y sobre todo un período revolucionario, es en cierto sentido consecuencia directa del que lo ha precedido, y causa

---

24 Gil Fortoul, *Epistolario...*, pp. 136-137.
25 Gil Fortoul, *El hombre y la historia*, p 353.

visible no solo del período que inmediatamente le sigue, sino también de otros períodos ulteriores[26].

Aun en el terreno de las ideas, concluye Arcaya, debe rastrearse esa mudanza progresiva. Así como evolucionan los sucesos de la política, cambian los conceptos en la mente de los hombres[27].

El peso de la herencia y de la raza corría parejo con el de la evolución. Las colectividades y los individuos que las integran reciben la carga de las características físicas y psicológicas que fraguaron sus antecesores, y tal carga determina el comportamiento de los sujetos particulares y colectivos. En consecuencia: «La forma social y política a que un pueblo puede llegar y hacerla permanecer [son palabras de Vallenilla] no depende de su voluntad, sino que está determinada por su carácter y por su pasado»[28]. Y agrega en otro lugar:

> Las pasadas generaciones han desconocido que ese conjunto de sentimientos que se llama carácter y que son los verdaderos móviles de la conducta, el hombre los posee cuando viene al mundo; pues como están compuestos por la herencia de sus antepasados, influyen en él con un peso del cual nada es capaz de liberarlo, y desde el seno de la tumba todo un pueblo de muertos le dicta imperiosamente su conducta[29].

Arcaya coincide en el juicio cuando se proclama fiel acólito de Taine y de Le Bon[30], mientras Gil Fortoul apunta:

---

26 Gil Fortoul, *Epistolario...*, p. 143.
27 Arcaya, *Discurso leído en la recepción pública en la Academia de la Historia el 11 de diciembre de 1910*, p. 19.
28 Vallenilla, *Disgregación...*, p. XI.
29 *Ibid.*, p. XXXVIII.
30 Arcaya, *Discurso leído...*, p. 64.

… para explicar el progreso cada vez más rápido de la civilización en un mismo grupo de pueblos… no existe, fuera de la hipótesis teológica o providencial, otra teoría rigurosamente científica sino la de la herencia colectiva o social[31].

En el fondo del planteamiento se mueve el influjo de la etnia, cuya presencia, según el positivismo, distingue a los pueblos y puede determinar su destino. No obstante, Gil Fortoul, Vallenilla y Zumeta advierten, contrariando a Le Bon, cómo importa para el analista, de preferencia, la investigación de las relaciones propias de cada configuración social, con vistas a la aprehensión de su etiología[32]. El elemento racial no era, pues, el motor capital de los procesos, ni podía considerarse en forma aislada[33]. Más bien era un ingrediente relativo, aunque para Arcaya resulte fundamental «la estructura interna de la raza formada en el transcurso de los siglos»[34].

Más uniformidad presentan cuando se refieren al medio geográfico. «La vida es, según Spencer, una perpetua adaptación al medio», dice Zumeta[35], mientras Vallenilla afirma: «Ya es un axioma de psicología social la influencia del medio físico y telúrico en los instintos, las ideas y las tendencias de cada género que caracterizan a un pueblo en particular, tomando el concepto de medio en su más amplia aceptación»[36]. Los pueblos actúan de acuerdo con su situación en la geografía, aseveran Arcaya y Gil Fortoul. La topografía y la temperatura moldean su carácter y, según el caso, los diferencian o asimilan[37].

Pero la acción de los factores mentados (evolución, herencia, raza y geografía) no era corolario de una mera coincidencia.

---

31 Gil Fortoul, *El hombre y…*, p. 336.
32 Vallenilla, *Críticas…*, p. 174.
33 Gil Fortoul, *El hombre…*, p. 45.
34 Arcaya, *Estudios sobre personajes y hechos de la historia venezolana*, p. 23.
35 Zumeta, *Las potencias y la intervención en Hispanoamérica*, p. 188.
36 Vallenilla, *Disgregación…*, p. 110.
37 *Ibid.*, p. 177. Arcaya, *Discurso leído…*, p. 71. Gil Fortoul, *El hombre y la…*, p. 104.

Desde los orígenes de la humanidad el individuo quedó vinculado a su presencia y atado a su invariable dictamen. Existía un orden superior que escapaba a los designios de los mortales y cuyas pautas determinaban el conjunto de sus movimientos. Era un orden terreno, natural, ajeno a cualquier connotación metafísica y susceptible de determinar el comportamiento de la sociedad. Tal orden tenía leyes inmodificables y permanentes que debían rastrearse en el proceso de aplicación de ese lado práctico sin el cual la ciencia pierde su finalidad.

César Zumeta aclara el concepto referido a la dependencia de la sociedad a tales pautas, cuando ejemplifica así:

> Toda evolución está sometida a leyes inflexibles que nada ni nadie puede acelerar ni retardar... los pueblos no tuercen su rumbo un buen día a voluntad de un buen ciudadano... las generaciones no se renuevan precisamente en el momento histórico en que lo quisiera la impaciencia de un patriota... las costumbres que tienen varias décadas de arraigo no cambian en una nación como por golpe de varilla mágica solo porque un partido... suba al poder y coloque en él a sus más dignos y conspicuos servidores...[38].

Los fenómenos históricos «comprueban el cumplimiento necesario y fatal de las leyes sociales, y basta observarlos para que el criterio ideológico, liberorracionalista y el individualista sean desechados en la explicación exacta de las causas que produjeron nuestra revolución», dice Vallenilla[39]. En consecuencia:

> ... a las antiguas luchas ideológicas [son palabras de Gil Fortoul] es necesario substituir la observación científica de los fenómenos sociales

---

38 Zumeta, *El continente enfermo,* p. 132.
39 Vallenilla, *Disgregación...*, p. 98.

para deducir de ella la ley que en cada circunstancia especial ha de regirlas temporalmente[40].

En suma, un planteamiento distinto de los problemas en cuya formulación se atendiese a los principios del positivismo podría iniciar un nuevo proceso de conocimiento del país. Proceso útil en cuanto las futuras conclusiones no carecerían de apoyo, como solía ocurrir hasta entonces. Mediante la elaboración de un conocimiento solvente, Venezuela dejaría de marchar de espaldas al pasado para planificar con lucidez lo porvenir. El estudio metódico iba a enterrar al país de la imprevisión y la inestabilidad. Aun en la acción de una sola disciplina como la historiografía, sometida al luminoso filtro del positivismo, podía recaer buena parte de la responsabilidad.

c) Una nueva historiografía

En efecto, nuestros intelectuales dedican buena parte de su análisis a la proposición de nuevos procedimientos para la investigación histórica, empeño del cual se colige la trascendencia que otorgaban a la disciplina como herramienta para la instrumentación de la encomienda práctica que tanto parecía importarles. El interés por la elaboración de un nuevo panorama del pasado tenía relación con el énfasis puesto sobre los factores fundamentales del método positivo, cuyo norte era el diagnóstico exacto de las entidades que, desde lo antecedente, se proyectaban mediante la evolución.
Por consiguiente, Gil Fortoul expresa:

Cada pueblo y cada agrupación de pueblos solidarios obran preferentemente de acuerdo con su historia, y la historia la constituyen las costumbres de las generaciones anteriores, costumbres que a su vez

---

40   Gil Fortoul, *El hombre y...*, p. 402.

son resultado de todas las condiciones de la existencia colectiva, así orgánicas o etnográficas como físicas o geográficas[41].

Una concepción de tal naturaleza sobre el pasado implicaba la implementación de una óptica disímil, sobre la cual habla Arcaya, sin mayores precisiones, en un fragmento en el que se observa la orientación pragmática que querían dar a la historiografía. Dice:

> Para formar cabal concepto de nuestro medio social, para penetrar las causas que determinan su estado y poder luego como legisladores o como políticos tener noción precisa de sus conveniencias, necesidades y sentimientos, debe estudiarse la historia venezolana conforme a los modernos métodos que son de riguroso análisis y de serena observación de los hechos, no de entusiasmos ni de afecciones ni antipatías personales[42].

También en este caso se trataba, según se colige de los siguientes consejos, de seguir la metodología de las ciencias naturales: «... estudiad como naturalistas la flor tropical en sus elementos irreductibles y permanentes. Ved el tronco de donde salió y hallaréis los datos suficientes a su clasificación botánica. Y en el museo de la historia otras flores hermanas suyas encontraréis provenientes de la misma planta»[43].

Tal metodología debía aplicarse para explicar, al decir de Gil Fortoul, «las costumbres y la evolución histórica de Venezuela por la influencia, combinaciones de la raza, del medio físico y de los factores ocasionales que obran siempre en toda evolución social y política»[44]. Zumeta se inclina por escribir la historia... «tal como ella debe ser presentada, con la perfecta exposición del

---

41 *Ibid.*, p. 338.
42 Arcaya, *Estudios de sociología...*, p. 83.
43 Arcaya, *Estudios sobre personajes...*, p. 29.
44 Gil Fortoul, *Epistolario...*, p. 217.

medio, de los productos de ese medio, de las transformaciones impuestas por el progreso lentísimo de las ideas»...[45]. «El que se limita a la pura enunciación de los hechos [dice en otro lugar] es simplemente cronista. El historiador exhibe las fuerzas en choque de donde los hechos se originan y expone la serie completa de circunstancias sin las cuales queda indistinta y confusa la fisonomía de los sucesos, la verdadera significación de las épocas»[46]. Vallenilla se preocupa por la utilización de fuentes primarias: «La historia se escribe con documentos», piezas que deben someterse a la crítica externa de procedencia y de interpretación y a la crítica interna o psicológica, «que es la crítica en sí»[47]. «Como un tratado de biología o de psicología, menos frases y palabras hermosas, más hechos menudos y verdades observables», de acuerdo con los principios de Taine, de Claudio Bernard y de Fustel de Coulanges[48].

Si el aliento de una sola especialidad –clara y precisa, emancipada de vaguedades filosóficas, capaz de desentrañar la esencia de lo nacional, apegada escrupulosamente a los documentos– podía rectificar muchos malos pasos, la aplicación global del pensamiento positivo, con su meticulosa observancia de leyes fatales y principios inmodificables, gestaría una mudanza radical. La empresa implicaba el riguroso olvido del conocimiento previo, cuya saturación de impropiedades lo descartaba como herramienta para la creación de un nuevo proyecto nacional. Para el tratamiento del conejillo de indias era necesario el reemplazo de los dogmas metafísicos por los flamantes axiomas de la ciencia natural, en cuyo laboratorio se producirían las verdades absolutas que hacían falta a Venezuela. Leyes sociales, evolución, medio geográfico, raza

---

45 Zumeta, *El continente...*, p. 265.
46 *Ibid.*, p. 118.
47 Vallenilla, *Críticas...*, p. 1.
48 *Ibid.*, p. 144.

—esta última en términos relativos— eran las claves para la fábrica de la panacea.

Según se verá a continuación, tan tiesas y extremas pautas —que a veces no siguen, a pesar de la reiteración de sus excelencias— van a producir un diagnóstico unilateral del escenario inmediato. Es el prólogo para la justificación de la dictadura.

II. El diagnóstico del escenario

PARA NO QUEDARSE EN EL PLANO DE una simple teoría etérea, la justificación del gobierno de Gómez necesitaba un nexo apreciable con la realidad inmediata. La demostración de la legitimidad de la dictadura y la propia orientación pragmática del pensamiento positivista hacían imperativo el vínculo entre el andamiaje teórico y las contingencias del escenario próximo. Por consiguiente, los autores realizan un diagnóstico general de América Latina y una visión particular del caso venezolano que aportan argumentos para el logro cabal de sus objetivos.

Como se verá, nuestros intelectuales otorgan un carácter *sui generis* a la América Latina. La juzgan como un área singular y anuncian su conocimiento a través del análisis de los fenómenos oriundos, con el objeto de obtener un resultado práctico cuyo destinatario es la sociedad en trance de evolución. De nuevo quieren convertir a la ciencia en una herramienta para la fragua del tránsito hacia un lapso racional. En tal empeño componen una visión fragmentaria y contradictoria de la región, para relacionarla con el proceso de consolidación de la forma política que consideran idónea.

Aunque libre de las contradicciones que se aprecian en el examen del continente, la imagen de Venezuela es panorámica y superficial, en cuanto no se aproxima a todas las circunstancias de diferente calidad que podían apoyar el planteamiento medular. Pero constituye un esbozo peculiar del proceso cuando pretende –postura novedosa en nuestro universo ideológico–

la reconstrucción científica del pasado en función de la realidad política coetánea.

El examen de los ingredientes de carácter económico y social escapa, en lo fundamental, de un esquema cuyo centro es el tratamiento del contexto político como ente divorciado de las relaciones de producción. Dados los objetivos y la matriz ideológica, el enfoque no resulta contradictorio.

1. América Latina

En principio ven a la región como un todo diferenciado, merced a su condición de receptáculo de abigarradas influencias exteriores que se hacen propias después de fundirse con el elemento autóctono. De tal singularidad coligen la importancia de un estudio directo de la evolución de sus fenómenos.

a) La especificidad

Según Gil Fortoul: «Pecan a menudo de ligeros y parciales los juicios y conjeturas que se leen en las obras de sociología y en los periódicos acerca del estado social y político de aquellos pueblos [los pueblos latinoamericanos]. Quizá por falta de datos suficientes o porque se contentan con observar la frecuencia de las revoluciones sociales [se refiere a los alzamientos de los caudillos], sin indagar sus causas ni estudiar sus consecuencias, los publicistas europeos suelen mirar con desdén los problemas que allí se plantean y hasta hay quienes ponen en duda su progreso»[49].

De acuerdo con Arcaya:

La vida latinoamericana no es la europea y resulta incongruente aplicar a nuestros casos lo que dice Taine de la Francia, por ejemplo[50].

---

49 *Filosofía Constitucional*, p. 327.
50 *Estudios de sociología...*, p. 114.

Ni siquiera existe identidad respecto de la sociedad española, a pesar de los vínculos históricos y de la aparente semejanza de ciertas costumbres. La nuestra es un *alma especial*[51]. Se trata, al decir de Vallenilla Lanz, de «… una cultura cuyo carácter se diferencia de otros profundamente»[52]; o de un mundo falseado por estudios genéricos, como apunta César Zumeta[53].

Los factores que originan la especificidad son el medio geográfico y el agente racial, cuya influencia prescribe la actitud de los elementos incluidos en el contexto. Su intervención genera, merced a la determinación ambiental y a la herencia, «un carácter especialísimo» que se puede reemplazar o moldear luego de una clasificación de las leyes que regulan el organismo social[54]. Pero ambos factores no actúan de manera semejante, sino que introducen una heterogeneidad espontánea. «La conformación geográfica contribuye poderosamente a diferenciar los pueblos de Hispanoamérica», y puede imprimir variantes en la huella del otro elemento que pesa sobre el conjunto[55].

> Aplicando este criterio aceptado hoy como el más científico, y por consiguiente como el mejor fundado en la realidad de los hechos, puede afirmarse que en nuestra América, por muchas que sean las causas que hayan contribuido a darle cierta homogeneidad psicológica, se incurre en un gran error… cuando se considera como un solo y mismo pueblo a todos los que forman las diversas naciones que hace un siglo surgieron a la vida independiente[56].

Más aún si se observa cómo la raza no es un factor constituido solamente por el ingrediente étnico. «Raza debe significar en

---

51 *Ibid.*, p. 20.
52 *Críticas de sinceridad...*, p. 196.
53 *Hombres y problemas...*, p. 211.
54 Arcaya, *Estudios sobre personajes...*, p. 57.
55 Vallenilla, *Disgregación...*, p. 116.
56 *Ibid.*, p. iii

nuestro caso, para que no se cometa un enorme disparate, psicología, mentalidad y cultura. Sobre todo cultura»…[57], asevera Vallenilla dando un tratamiento amplio al concepto.

Así pues, el ambiente, unido a los mestizajes racial y cultural, conforma un «carácter típico» que es disímil frente a otras configuraciones y que, a la vez, resulta heterogéneo en lo interior por el movimiento provocado por la evolución. «Todas las nacionalidades ya perfectamente constituidas son el resultado de un largo proceso que ha llegado a un momento culminante en el cual todas las fuerzas se hallan equilibradas por un sentimiento al que puede y debe dársele el nombre de alma nacional»[58].

La presencia de ese ciclo trascendente, especie de estación capital en el proceso evolutivo, da pie para la ejecución de la fase práctica que tanto importaba a los positivistas, aun a pesar de que en la propia evolución se advirtiese una gradación disímil, relativa a la diversidad intrínseca de las comunidades objeto de estudio. América Latina, apenas rastreada en forma somera, podía recibir las prescripciones para pasar a la nueva etapa. Solo era cuestión de descubrir previamente los escollos que entorpecían el curso.

b) Los males del continente

¿Por qué permanecía a la zaga América Latina frente al desarrollo del mundo occidental? Los autores no coinciden en la respuesta, pero ven con claridad la presencia de una seria anomalía, que señalan a pesar de que, en el fondo, descubría las lacras del régimen cuyas excelencias querían divulgar.

Si damos crédito al argumento de Zumeta, el panorama no podía ser menos crítico:

---

57 Vallenilla, *Críticas...*, p. 196.
58 Vallenilla, *Cesarismo...*, p. 208.

… en la postergación de todas nuestras potencialidades y en el estímulo a todas las desviaciones de nuestras energías; con un incremento vergonzante de comercio, de producción y de población, y un aumento asombroso de la deuda pública; enamorados de altos ideales y reacios a practicarlos; adoradores de la fuerza como árbitro supremo; descalabrado el crédito; desprestigiadas la Judicatura, la magistratura y las virtudes democráticas, nos hemos sentado al festín de la vida como niños que rehúyen los alimentos fuertes por hartarse a golosinas y postres. Prestos a ofrendarnos en holocausto a toda causa, olvidados de cuanto concierne a nuestro propio interés de pueblo y de raza, vamos en nuestro camino cantando y guerreando como los bohemios del siglo y de la historia, y haciendo posibles los juicios que formulan respecto a nosotros los pensadores y publicistas europeos y anglosajones[59].

La visión de Arcaya también es sombría, en especial cuando afirma: «El peligro es evidente para la vida de estos pueblos. Y se comprende su mayor gravedad al pensar en la profunda degeneración, conjunto raro de incapacidad y de desdén, a que hemos llegado en la mayor parte de las naciones iberoamericanas. En medio de este desbarajuste corren riesgo de extinguirse todas las energías del carácter nacional y con ellas la independencia de esas repúblicas»[60].

Las raíces del mal se localizaban en el pasado inmediato, especialmente en los sucesos políticos del siglo XIX, a partir de la formación de los Estados nacionales, cuando *el personalismo y las revoluciones* predominaron en el contexto[61]. Para la mayoría de los autores el personalismo impidió la formación de una conciencia colectiva e incrementó las luchas fraccionalistas en detrimento del Estado de derecho[62]. Tergiversó el sentido de las doctrinas liberales mientras provocaba «cuartelazos, dragonadas y demás formas anárquicas del

---

59 *Discurso pronunciado en la inauguración de las sesiones de 1932*, p. 24.
60 *Estudios sobre personajes...*, p. 124.
61 Gil Fortoul, *Filosofía...*, p. 417.
62 Zumeta, *Hombres y problemas...*, pp. 40-41.

caciquismo»[63]. De acuerdo con Arcaya el fenómeno tenía su origen en la influencia del clima y en el desarrollo de un «atavismo antropológico»[64], pero para Vallenilla es producto de la propia dinámica social, que genera una necesidad en tal sentido. Es precisamente el argumento más conveniente para justificar a Juan Vicente Gómez. Sobre el aspecto que ahora interesa, señala:

> Si en todos los países y en todos los tiempos –aun en estos modernísimos en que tanto nos ufanamos de haber conquistado para la razón humana una vasta porción del terreno en que antes imperaban en absoluto los instintos– se ha comprobado que por encima de cuantos mecanismos institucionales se hallan hoy establecidos, existe siempre, como una necesidad fatal, el gendarme electivo o hereditario de ojo avizor, de mano dura, que por las vías de hecho inspira el temor y que por el temor mantiene la paz, es evidente que en casi todas estas naciones de Hispanoamérica, condenadas por causas complejas a una vida turbulenta, el caudillo ha constituido la única fuerza de conservación social, realizándose aún el fenómeno que los hombres de ciencia señalan en las primeras etapas de integración de las sociedades: los jefes no se eligen, sino se imponen[65].

El caudillo, por consiguiente, libera a la colectividad de la anarquía y, «... como dice García Calderón... es el director necesario en pueblos que evolucionan hacia la consolidación de su individualismo nacional». Antes que calamidad es una imposición del medio, favorable por su carácter de puente para formas posteriores[66]. La evolución no se alcanza, «... ni se ha alcanzado en ninguna época ni en ningún país, sino al amparo de una sola voluntad enérgica, prudente o inspirada en el bien público»[67]. Los trastornos de América tienen su origen, más bien, en el divorcio de las instituciones

63 *Ibid.*, p. 38.
64 Zumeta, *El Continente...*, p. 67.
65 Vallenilla, *Cesarismo...*, p. 123.
66 *Ibid.*, pp. 176-177.
67 *Ibid.*, p. 238.

con el medio que procuran regular, y en la injerencia de la religión y las supersticiones en el juego político, de lo cual es elocuente ejemplo la sociedad colombiana[68]. Es el argumento más acorde con el espíritu del mensaje que les interesaba divulgar, mientras que en los asertos de Arcaya, Gil Fortoul y Zumeta, las ideas chocan con la esencia misma del gobierno gomecista.

Como se ha visto, las fuentes rastrean la causalidad de la problemática latinoamericana mediante el examen de ocurrencias domésticas, especialmente las de índole política. Zumeta introduce una variante de entidad porque analiza los factores foráneos que inciden en el proceso. Va más allá del límite que se impusieron los demás y comprende la relación de dependencia respecto de las metrópolis, en cuya acción localiza un factor de trastorno apenas columbrado por sus compañeros de ideología[69].

Zumeta distingue dos etapas en la expansión del dominio extranjero: el imperialismo de Europa y el naciente imperialismo de los Estados Unidos. Según su punto de vista, la manipulación de América Latina por las potencias europeas se produjo durante la independencia, cuando las naciones «liberales», especialmente Gran Bretaña, intervinieron para su exclusivo beneficio. Tratando de ahondar en el problema, el autor construye una frase que encierra una visión crítica de las generaciones que forjaron la república. Escribe:

Maipú y Ayacucho complementaban a Waterloo[70].

La expansión de los Estados Unidos y el peso de la Doctrina Monroe vitalizaron los apetitos colonialistas: «La Europa entera es enemiga de la fórmula de América para los americanos. Guayana y Cuba los han despertado y de un golpe han formado una alianza

---

68 Vallenilla, *Críticas...*, p. 267.
69 *El Continente...*, p. 31. En general, los mejores y más atrevidos ataques de Zumeta al imperialismo son antecedentes al gobierno de Gómez. A partir de 1916, más o menos, guarda un higiénico silencio sobre tan importante problema.
70 *Las potencias y la intervención...*, p. 144.

moral, idéntica en el fondo pero más vasta y poderosa que la antigua Santa Alianza, como si la defensa de las libertades americanas y la afirmación de nuestros derechos requirieran por respuesta la confraternidad anglocontinental de la usurpación y el despojo»[71]. Pero los proyectos se enfrentaban al poder de los Estados Unidos, cuya meta era sustituirlas en su papel de árbitros del concierto internacional[72].

Zumeta observa con claridad la situación:

> Los Estados Unidos se han incorporado al grupo de potencias colonizadoras. El criterio democrático, americano ha sido sustituido por el criterio monárquico europeo; y el resto de la América queda a la merced de las fuerzas complejas que pone en juego el nuevo orden de cosas[73].

Una vez localizados sin mayor detenimiento los factores que impedían el desarrollo continental, nuestros positivistas, fieles a la vocación práctica que caracterizó a su concepción del mundo, buscan los modelos tangibles para propiciar el cambio.

c) Factores de progreso

Los modelos no procuraban una «mudanza atropellada»[74], sino una transformación paulatina. En esencia se trataba de «… desarrollar a los elementos orgánicos y colectivos que en todas partes constituyen el fondo y la trama de la vida social»[75]; para lo cual acuden a patrones procedentes del mundo europeo-occidental cuando preconizan la importación de sus elementos humanos o materiales, o la copia de sus costumbres cívicas.

---

71 *Ibid.*, p. 67.
72 *Las potencias y la intervención...*, p. 146.
73 *El Continente...*, p. 48.
74 *Ibid.*, p. 101.
75 Gil Fortoul, *Filosofía...*, p. 429.

Dentro de la primera vertiente se incluyen las posiciones de Gil Fortoul, Arcaya y Vallenilla. El primero juzga como lo mejor la importación de raza y dinero:

La evolución de todas las Repúblicas americanas revela que la paz no es fecunda ni acelerado el progreso sino cuando la actividad industrial y económica, favorecida por la inmigración de individuos y capitales extranjeros, predomina sobre la actividad puramente política, como acontece ahora en Chile, en la República Argentina y en el Brasil[76].

La panacea proveniente del extranjero tendría, al decir de Vallenilla, efectos morales, culturales y patrióticos de excepcional entidad. Asegura que:

A medida que la cultura científica vaya generalizándose en nuestros países y fortaleciéndose por medio de la inmigración europea y el fomento de la riqueza, los órganos de la selección democrática, las bases fundamentales del Código Boliviano serán un día los del Derecho Constitucional de Hispanoamérica[77].

La benéfica inmigración podría convertirnos en «... pueblos serios como lo son ya Chile y la Argentina», concluye el doctor Arcaya[78].

Sin embargo, Zumeta estima como principal factor de progreso la introducción de procedimientos democráticos, especialmente los relativos a la elección del gobierno. Solo era cuestión de «habituar al pueblo» en el juego electoral, desde el ámbito municipal hasta el más amplio nivel[79]. «El valor que se necesita en estas repúblicas enflaquecidas por revoluciones, cada una de las cuales posee un déspota o una oligarquía [ejemplifica Zumeta], no es el de irse

---

76 *Ibid.*, p. 425.
77 *Críticas de sinceridad...*, p. XI.
78 *Estudios sobre personajes...*, p. 124.
79 *Hombres y problemas...*, p. 170.

al campamento de un general que aspire al poder, sino el de ir a la plaza pública a consignar votos en contra del general que esté en ejercicio de la dictadura...»[80]. Como se advierte, el juicio es impertinente en un cuerpo doctrinal cuyo último objeto va a ser la defensa de una dictadura.

También concede trascendencia a la integración continental, idea relacionada con la importancia que otorgó a la intervención extranjera cuando se ocupó de los males de América. Asevera al respecto: «Si los hombres de Estado de la América hispana renuncian a constituirla en una grande entidad latina; si asombrados ante la potencialidad de tal grandeza, prefieren en cada una de sus parroquias la soberanía precaria a la formidable comunidad continental que es un gran deber histórico, todo estará perdido irremisiblemente»[81].

Con este retorno a la antigua idea de integración, excepcional dentro del conjunto estudiado, concluye la apretada imagen que forjaron nuestros positivistas sobre América Latina. Es el colofón de una preocupación secundaria que no demuestra densidad en su desarrollo, ni perspicacia en la aprehensión de todas las peripecias del escenario.

La visión no es, en efecto, profunda, debido al carácter accesorio que otorgan al problema dentro de un proyecto mayor al cual dedican lo más acabado de sus reflexiones, así como por la limitación que les impone la propia filosofía que dirige su actividad intelectual. Aun cuando atribuyen un aspecto peculiar del área, y a pesar de que pretenden examinar a la luz de la ciencia esa peculiaridad merced al análisis de sus características, apenas elaboran un panorama superficial en el cual predomina la conceptuación foránea. América Latina se supedita como objeto de conocimiento a los postulados del positivismo, y ven en ella solo aquellas evidencias que confirman los principios de la escuela europea. Anuncian el curioso

---

80 *Ibid.*, p. 17.
81 *Idem.*

rastreo de nuestras circunstancias y solo llegan a referirse a testimonios estrechamente vinculados con las ideas que sobre evolución humana y natural, raza y medio ambiente, divulgaron los creadores del pensamiento positivo. De tales ideas precisamente infieren el argumento referido a la diversidad interior de América Latina, sin duda verificable a través de ese estudio cabal de los fenómenos que no se decidieron a efectuar. La importancia del enfoque no radica, pues, en su profundidad, sino en lo novedoso de la intención, que procura desbrozar un camino útil a nivel continental.

Peca también de unilateral el análisis por la motivación de los sujetos expresantes. Implicados en un designio fundamentalmente político, prefieren la indagación de hechos políticos en perjuicio de los otros factores que con igual fundamento integran la estructura, en especial el factor económico.

La entidad del hombre providencial y el juego del caudillismo constituyen el eje de su preocupación, mientras se diluyen ocurrencias tan importantes como la expansión del capitalismo monopolista, apenas advertida por uno de los voceros. Difieren, si se quiere, en el tratamiento del factor político, pero ocupa el mayor espacio de la argumentación y da pie para el desarrollo de contradicciones fundamentales, en relación con la posterior defensa que harán de la dictadura.

2. Venezuela

Como en el caso de América Latina, los autores advierten la especificidad del fenómeno venezolano, y sobre tal especificidad fundamentan buena parte de los argumentos. Dado que se trata de una pesquisa sobre los sucesos próximos en los cuales necesariamente debía afincarse el aparato teórico, el examen de la realidad nacional se efectúa con mayor ponderación y coherencia, aunque con las limitaciones que se observan en el tratamiento del contexto antecedente.

Acaso la siguiente afirmación de Vallenilla sintetice el criterio de nuestros positivistas sobre el particular:

> Hablemos de sociedad, pueblo, nación, Estado, y estudiando el valor científico y la significación histórica de cada uno de esos términos, llegaremos a la conclusión de que, sea cual fuere nuestra formación étnica, Venezuela constituye una entidad social, psicológica y política perfectamente definida, aun comparándola con otras naciones de Hispanoamérica. Existe un tipo venezolano como existe una sociedad, un Estado, una Nación venezolana[82].

A pesar de la evidente conexión con los países vecinos –reitera Arcaya– Venezuela posee una personalidad cuya forja debe deslindarse a través del método científico, con el objeto de determinar su comportamiento y la ascendencia de los factores diversos y aún ambivalentes que se mueven dentro de su marco[83].

a) La raza nacional

Circunscritos a los lineamientos del positivismo, para los autores la influencia del elemento étnico resulta fundamental, aunque no en términos excluyentes, dentro del proceso de integración de nuestra personalidad colectiva. Merced a su presencia, la configuración venezolana comenzó a distinguirse de las demás.

¿Por qué el venezolano se muestra a menudo «más fuerte y vigoroso que el indio, más activo e inteligente que el africano e igual al criollo y al europeo en las dotes morales e intelectuales»? El portento se debe a su condición de «hombre de raza mezclada»[84]. Durante el período colonial la amalgama arraigó y despuntó, para procurar su propio destino en el siglo XIX.

---

82 Vallenilla, *Crítica de sinceridad...*, pp. 173-174.
83 *Estudios sobre personajes...*, p. 116.
84 Gil Fortoul, *El hombre y la historia*, p. 345.

Ya para la época de la Independencia, la gran mayoría de nuestra población venezolana se componía de una nueva raza: la propiamente venezolana, con psicología especial, que junto con las circunstancias del medio explican toda nuestra historia[85].

Nació la «nueva raza» de la unión de las etnias india, blanca y negra, que vincularon sus cualidades y sus defectos en la génesis de un flamante grupo humano. Tal nexo produjo, al decir de Arcaya, «Un pueblo belicoso y veleidoso»[86].

> El elemento español vino a la conquista preparado por una cruzada de varios siglos contra los moros. Los mismos negros eran en su suelo gentes aguerridas y sus cualidades viriles no degeneraron aquí, a pesar de estar sometidos a la esclavitud... Estos elementos se fundieron rápidamente, formando una raza eminentemente predispuesta a los deslumbramientos de la gloria militar que nos alucinaba desde los tiempos de la colonia[87].

De allí las hazañas de la independencia, las aptitudes castrenses de Bolívar –«hijo de los sentimientos dormidos de su raza»–[88] y la carrera de José Antonio Páez, cuyo ciclo resume las vivencias nacionales: «heroísmo guerrero, ardor sin medida para la lucha, vagas aspiraciones por el derecho pero falta de voluntad fuerte para realizadas [*sic*]; veleidades, facilidad de ceder a todas las sugestiones, fracasos y, al cabo, tristes desengaños»[89]. De allí nuestra imprevisión y nuestra impulsividad, «rasgos hereditarios del carácter nacional»[90].

Vallenilla advierte las propias características, pero las atribuye a la influencia de la etnia aborigen. Según apunta: «No es de ninguna

85 Arcaya, *Influencia del elemento venezolano en la independencia de América Latina*, p. 81.
86 *Ibid.*, p. 15.
87 *Ibid.*, pp. 15-16.
88 *Idem.*
89 Arcaya, *Estudios sobre personajes...*, p. 27.
90 *Ibid.*, p. 2.

manera aventurado afirmar que, absorbidas la raza blanca y la negra por la indígena, fuera esta la que prevaleciera en la psicología de nuestro pueblo, con sus instintos disgregativos y con su indomable valor, de que tantos ejemplos ha dado en nuestras luchas civiles»[91].

Pero el estudio no se detiene en la estrecha aproximación al aspecto racial. Los autores insisten en la necesidad de una visión más amplia, referida al conocimiento de los «agentes sociales» que conformaron la peculiaridad venezolana a través de la historia. Por consiguiente indagan en el pasado próximo, en especial las contingencias de orden político posteriores a la creación del Estado nacional, cuya influencia consideran primordial para la explicación de lo contemporáneo. La situación prevaleciente desde la primera década del siglo XX era corolario de los desmanes del período anterior, rectificación oportuna de los dislates antiguos, salida plausible dado su carácter de lenitivo frente al caos reinante. Convenía, pues, explorar sus pretendidas raíces.

b) La sociedad suicida

El panorama que reconstruyen es lúgubre en extremo. Venezuela, envuelta en guerras y sujeta a los más desenfrenados apetitos, labraba su destrucción. La sociedad guerrera, simbolizada en la figura ingrata del zamuro, ave de muerte y de rapiña, se suicidaba paulatinamente[92]. De pronto la presencia esporádica de las virtudes colectivas reflejaba la parte buena del «organismo enfermo», pero a la postre predominaba una infinita turbulencia.

Al decir de Zumeta, «Hubo intervalos de energía, reacción saludable pero insuficiente para mantener, por la triple evolución escolar, social y económica, aquel ambiente cívico indispensable a la vida democrática»[93]. «En tanto que la vida social se iba transformando

---

91 *Disgregación...*, p. 128.
92 Arcaya, *Memorias...*, p. 76.
93 *Discurso pronunciado en la inauguración de las sesiones de 1932*, p. 3.

lentamente por la acción pausada del tiempo y por las comunicaciones más frecuentes con la civilización extranjera [expresa Gil Fortoul], la vida política iba a seguir su curso fatal entre las trabas del personalismo y el huracán de las revoluciones»[94]. Los intereses disgregativos –concluye Vallenilla–, arraigados desde el lapso colonial, predominaron frente a los nexos susceptibles de consolidar una cabal integración. Apenas en circunstancias fugaces parecía surgir entre la anarquía el vehículo para la consecución de una paz duradera, pero en definitiva la inestabilidad predominaba en la estructura[95].

En principio no existe acuerdo entre los analistas sobre la etiología del fenómeno. Por ejemplo, Arcaya señala vagamente:

> Hay que buscarlas [las causas] en tendencias raciales, en las condiciones del medio físico, en la influencia ejercida en cada generación por sucesos ocurridos en la precedente; en el espíritu de imitación, en la facilidad misma que antes tenían para emprender las guerras los caudillos que las hacían[96].

También poco preciso, Gil Fortoul encuentra la causa en el excesivo apego a las teorías extranjeras «… y en la desproporción existente entre la masa pobladora y la inmensidad del territorio»[97]; así como en la ausencia de «radicales reformas prácticas» para el aprovechamiento de la agricultura[98].

Sin embargo, luego coinciden en el señalamiento del *personalismo* como motivo capital de la aludida situación.

---

94 *El hombre y la historia*, p. 374.
95 *Disgregación...*, p. 160.
96 *Address of the minister of Venezuela P. M. Arcaya on the present conditions in his country delivered October 26, 1930, from Station World of the Columbia Broadcasting Company*, p. 10.
97 Gil Fortoul, *Discursos...*, p. 239.
98 *Ibid.*, p. 228.

Los partidos de aquella época eran tan personalistas como sus respectivos jefes. Durante muchos años la lucha por el poder no existe entre un partido de programa liberal, sino entre agrupaciones ocasionales de hombres que posponen las teorías de gobierno al hecho de gobernar. Los jefes de cada agrupación se entregan a un juego de combinaciones sin fin, llamado fusión en nuestro vocabulario político. No bien se unen liberales y conservadores para constituir un gobierno, cuando otros conservadores y liberales se unen para derrocarlo[99].

El corolario no podía ser otro que un estado permanente de guerra civil[100]. «La lesión de que Venezuela se muere es el personalismo con su lepra de adulación y de traición...», remacha César Zumeta[101]. Pero vale la pena examinar con mayor detalle el tratamiento del tema por unos intelectuales que, en su hora, también se reunieron en torno del gran caudillo y buscaron la forma de justificarlo a través de la obra escrita y mediante la colaboración personal.

c) Presencia y poder del caudillismo

El caudillo es el gran protagonista del siglo XIX y en su acción encuentran la clave para la comprensión de los sucesos nacionales. Vinculado a remotas manifestaciones del ser venezolano, lo juzgan como eje natural de las peripecias de una sociedad en proceso de formación.

Todavía en tránsito hacia un estadio de progreso estable, la vida gregaria se sujeta al caudillo como lo ha hecho desde su mismo origen, y espera que la peinilla del jefe desbroce el camino idóneo.

---

99 *Ibid.*, p. 381.
100 *Idem.*
101 *El Continente...*, p. 154.

El pueblo nuestro, que puede considerarse como un grupo social inestable, según la clasificación científica, porque entonces y aún en la actualidad se halla colocado en el período de transición de la solidaridad mecánica a la solidaridad orgánica, que es el grado en que se encuentran hoy las sociedades modernas legítimas y estables, se agrupa instintivamente alrededor del más fuerte, del más valiente, del más sagaz, en torno a cuya personalidad la imaginación popular habría creado la leyenda, que es uno de los elementos psicológicos más poderosos del prestigio, y de quien esperan la más absoluta protección, la impunidad más completa a que estaban acostumbrados[102].

A menudo más apegado que los otros a las teorías de la raza y del instinto, Arcaya construye otra interpretación:

Los principios del legalismo republicano quedaban en el piso superior en las regiones superficiales del instinto... ocupando el fondo inconsciente, ora las tendencias hereditarias al sometimiento absoluto a un caudillo, ora la necesidad de la actitud tumultuosa de los campamentos, ora algo como vaga nostalgia de la vida libre nómada, por lo cual a la postre en vez de la República soñada debía imponerse la monocracia[103].

Las «leyes inexorables de la sociología», apunta en otro lugar, hacían necesaria la presencia de «supremos conductores»[104], aserto en el cual le acompaña Vallenilla en cuanto asegura:

Taine y Vandal observan que después del terror, la Francia se hallaba dispuesta a exaltar a un dictador. Esa es exactamente la situación de Venezuela. Pero así como de la espantosa anarquía surgió Simón Bolívar, ha podido surgir también Mariño, Piar... o cualquier otro que hubiera

---

102 Vallenilla, *Cesarismo...*, p. 276.
103 *Estudios de Sociología...*, p. 60.
104 *Ibid.*, p. 27. *Discurso Inaugural en la Cámara del Senado, Sesiones de 1921*, p. 7.

tenido poder para contener y disciplinar aquellos elementos dispersos y sofrenar la anarquía[105].

Como se observa, la interpretación soslaya la trascendencia de los intereses de clase incluidos en el contexto, las relaciones de carácter económico propias del período y aun la dinámica de las facciones políticas en pugna; mientras otorga a esos individuos «vigorosos, valientes y de atractiva personalidad» el papel de conductores exclusivos del proceso. El caso de Páez, muy trillado por los positivistas, ilustra con elocuencia la postura:

> El General José Antonio Páez, que apenas sabía leer en 1818 y hasta que los ingleses no llegaron a los llanos no conocía el uso del tenedor y del cuchillo, tan tosca y falta de cultura había sido su educación anterior, apenas comenzó a rozarse con los oficiales de la Legión Británica imitó sus modales, costumbres y trajes, y en todo se conducía como ellos... y ese rudo llanero, colocado a la cabeza del movimiento separatista de Venezuela, con los escasos elementos cultos que se habían salvado de la guerra y con los muy contados que volvían de la emigración, tuvo el talento, el patriotismo y la elevación de carácter suficiente, no para «someterse a la Constitución» —como han dicho sus idólatras—, sino para proteger con su autoridad personal el establecimiento de un gobierno regular[106].

Si bien generalmente Zumeta fustiga con rigor a los caudillos, a su «pesadilla inicua»[107], los otros, so pretexto de calibrar desde una óptica científica la entidad de sus obras, al cabo equilibran las conclusiones distribuyéndoles equitativamente aciertos y yerros. En consecuencia, si por un lado constituían el testimonio fehaciente de la barbarie, de la disgregación, de la anarquía, del

---

105 *Críticas de sinceridad...*, pp. 92-93.
106 Vallenilla, *Cesarismo...*, p. 142.
107 *El Continente...*, p. 115.

desacato a las leyes, igualmente traducían la posibilidad de una unión transitoria del cuerpo social, un vehículo para superar los desarreglos de Venezuela[108].

Este argumento de la supremacía de los caudillos, visto como explicación objetiva de la historia nacional, lleva implícitos dos juicios de cardinal importancia para el objetivo que se procuraba. En primer lugar, la negación de la existencia de conflictos sociales en el pasado, es decir, la eliminación inmediata de una posibilidad distinta y más solvente de explicar las ocurrencias. En segundo lugar, el hecho de motejar de insólita para el país la presencia y funcionalidad de las instituciones y procedimientos democráticos, aserto de obvia correspondencia con los «usos políticos naturales» de la dictadura a la cual favorecían sin reservas.

En el aspecto relativo al primer punto destaca la siguiente afirmación:

En Venezuela jamás han existido intereses colectivos de clases, sino pasiones de grupo, de individualidades salidas de los más diversos campos y unidas ocasionalmente[109].

Ni siquiera la Guerra Federal llevó en su seno el ingrediente clasista, como arguyen «... trasnochados comunistas venezolanos, empeñados en buscarles precedentes a sus exóticas doctrinas»[110].

Sobre el otro punto dice Gil Fortoul: «Generalmente hablando, todavía nuestros conciudadanos no se hallan en aptitud de ejercer por sí mismos y ampliamente sus derechos, porque carecen de las virtudes políticas que caracterizan al verdadero ciudadano»[111]. Pero Arcaya va al grano:

---

108 Vallenilla, *Críticas...*, pp. 92-93. Arcaya, *Estudios de Sociología...*, p. 23.
109 *Ibid.*, p. 83.
110 Arcaya, *Memorias...*, p. 36.
111 *El hombre y la historia*, p. 386.

... el sistema de las elecciones populares, base de la democracia teórica es ajeno a las costumbres venezolanas..., la democracia es un mito en Venezuela, pero mito peligroso, porque ha servido de bandera a las revoluciones que afligieron y arruinaron al país[112].

No había, pues, necesidad de encontrar otra salida, remacha Vallenilla. La constitución efectiva del país señalaba el derrotero: «Un jefe que manda y una multitud que obedece»[113].

Así las cosas, el gobierno autoritario no resultaba una imposición artificial, sino una salida espontánea del proceso. La autoridad del césar, legítima por razones históricas, por herencia étnica y por unas causas ambientales no claramente delimitadas en su peculiaridad respecto de América Latina, era el motor para el obligado paso de Venezuela hacia la paz y el progreso. Venezuela se había formado con la argamasa que moldearon los capitanes de facciones y montoneras, cuya gestión resultaba no pocas veces laudable. Ni el hambre del pueblo, ni el interés del terrateniente, ni la potestad del clero, ni la injerencia extranjera podían parangonarse con el poder de caciques y caudillos a la hora de un cotejo sobre la trascendencia de su rol en la historia, así antigua como inmediata.

La procura de interpretaciones de otra especie significaba un extravío hacia el sospechoso campo de las elucubraciones exóticas. El apego a las ideas de la democracia liberal apenas podía reiterar los dislates del pasado. Venezuela debía proseguir atada al dominio de un césar oriundo que reflejaba la identidad colectiva. El caudillo de turno se llamaba Juan Vicente Gómez.

---

112 *Arcaya, Memorias...*, pp. 101-102.
113 Vallenilla, *Discurso de instalación por parte del presidente Laureano Vallenilla Lanz, el 19 de abril de 1926*, p. 7.

III. La nación hecha Gómez

LA VENEZUELA QUE ENTRABA EN EL SIGLO XX dispuesta a la construcción de un proyecto positivo, acorde con su evolución y con su composición intrínseca, no podía repetir los errores del pasado. Sin divorciarse de su trayectoria, debía ensayar una ruta vinculada al espíritu de los nuevos tiempos y preparar el advenimiento de un período de racionalidad cuyo norte serían los principios cardinales de Orden y Progreso. A juicio de nuestros autores, el país iniciaba la marcha hacia la trascendente estación guiado por Juan Vicente Gómez, de cuyo mandato dependía el conveniente desarrollo del proceso.

¿Por qué Juan Vicente Gómez? Producto del accidentado quehacer de Venezuela, el conjunto de sus cualidades lo convertía en árbitro idóneo para regular el pugilato por la autoridad central. Su presencia garantizaba el influjo preciso para robustecer el poder ejecutivo frente al interés de los caudillos menores. Libre del nefasto ascendiente de las doctrinas «exóticas», la dura mano del césar comenzaba la fábrica de una forma de gobierno genuinamente venezolana, emancipada de ataduras partidistas y sin falsas pretensiones democráticas. La administración de los recursos materiales, cuyo aprovechamiento marcaba el fin de la Venezuela rural, tenía en él cabal custodio. Se adecuaba, pues, a las necesidades del momento, en cuanto podía orquestar desde arriba, con la selecta colaboración de los escogidos, de los pioneros del proyecto positivo, las delicadas piezas de la panacea que reclamaba la situación.

El pueblo, otra vez espectador pasivo, dependía de la conducción, ahora sí acertada, del caudillo y su camarilla.

a) Las necesidades del momento

Así las cosas, la república se encarnaba en su presidente por obra de las circunstancias objetivas. La inexorable combinación de los sucesos hacía imprescindible su presencia en la jefatura del gobierno, mientras sumía en decadencia a los factores políticos que habían predominado en el pasado reciente.

Las revoluciones, por ejemplo, eran sucesos muertos que el movimiento de la historia había borrado del panorama nacional. Como en el resto de América Latina, asevera Arcaya:

> … no se concibe el éxito de ninguna revolución que no sea hecha por el ejército regular. Pero no hay posibilidad alguna de que esto suceda en el país (…) No hay riesgo alguno de que los oficiales del mismo ejército hagan una revolución... Hay de por medio vínculos personales heredados de compromisos contraídos «de hombre a hombre», que ningún venezolano quebranta porque la lealtad es virtud muy nuestra. Hoy, con el armamento moderno... y con las restricciones puestas en todas partes al comercio de armas, con el cable y la radio… ninguna combinación revolucionaria al estilo antiguo puede prosperar[114].

Se juntaban, entonces, los adelantos técnicos generales y propiamente castrenses, con las virtudes ancestrales del venezolano, para servir de apoyo al «Benemérito».

Los partidos políticos corrían también la suerte de las montoneras. Su hora había pasado en el país, que buscaba la prosperidad por caminos menos riesgosos.

---

114 Arcaya, *Address of the minister of Venezuela…*, p. 15.

... el desiderátum de actualidad no está en la reorganización de partidos viejos, aunque se pretenda que signifiquen cosas nuevas, ni en la formación de partidos nuevos con modernas denominaciones, sino en la transformación del medio por la instrucción, el trabajo, la disciplina de las actividades y su armonía mediante la justicia más severa y sobre todo la transformación de los elementos étnicos mediante la emigración[115].

Ni siquiera las ideologías que entonces conmocionaban a Europa –fascismo y comunismo– podían funcionar en el medio venezolano, en cuanto representaban «exageraciones inadaptables a nuestro pueblo»[116]. Lo natural era, según Vallenilla, acatar el dictamen prescrito por la evolución de los factores constitutivos del progreso, los cuales, en su marcha de la solidaridad mecánica a la solidaridad orgánica, comenzaban a plasmar, con Gómez a la cabeza, «... nuevas condiciones de existencia y, por consiguiente, nuevas formas de derecho político»[117].

Esas nuevas condiciones procedían del fondo histórico que dirige a los pueblos. La sumisión al dictador que daba nuevas formas a las instituciones y a los «progresos políticos» era corolario del estado de dependencia predominante en el siglo XIX, que dotó a nuestra sociedad de marcados hábitos colectivos cuya meta no era otra que el seguimiento de un gran gendarme, capaz de fabricar el sistema de estabilidad que anhelaba el país[118].

En palabras de Arcaya, se trataba de utilizar al caudillo en beneficio de los objetivos prácticos de los cuales dependía la posibilidad de transformar a Venezuela. Por consiguiente, generaliza el autor:

---

115 Arcaya, *Estudios de Sociología*..., p. 151.
116 Arcaya, *Memorias*..., p. 103.
117 Vallenilla, *Críticas de sinceridad*..., p. 269.
118 Vallenilla, *Cesarismo*..., p. 151.

Teniendo tan hondas raigambres en las repúblicas criollas las tendencias personalistas, más práctico resulta el ideal de su utilización en pro de la estabilidad social mediante la sumisión del magistrado querido de las multitudes a las prescripciones de bien meditadas leyes, que empeñarse vanamente en su desaparición[119].

Bastaba la presencia de un hombre de acción que procurase el cariño de las multitudes –antes que el seguimiento de criterios ideológicos precisos– para encontrar el fundamento de un estado genuinamente nacional[120]. El poco afecto del caudillo a las ideas conducía a la saludable eliminación de las facciones políticas, cuyo nefasto juego había desquiciado las relaciones políticas en el siglo XIX, y al entrabamiento del proceso de creación de nuevos partidarismos que traerían otra vez el desconcierto.

En reemplazo de los partidos, un grupo minoritario rodeaba al hombre de acción para ayudarlo mediante la elaboración de ese fundamento racional que faltábale para complementar su tarea. El césar y su camarilla constituían la sustentación del régimen autoritario que no podía darse por sí sola una masa en extremo desprovista para la función de gobernar[121]. Al respecto escribe Zumeta: «Reforcemos a la minoría, y con ella digámosle al pueblo qué es la civilización y qué es el derecho. La obra es lenta; habrá que realizarla entre... carcajadas de cínicos, pero de esa minoría será el triunfo definitivo»[122]. Es semejante el parecer de Gil Fortoul, en cuanto asevera con mayor énfasis teórico:

En determinadas circunstancias de la vida social y política, la minoría es un factor de progreso poderoso... a menudo el progreso es obra de una minoría emprendedora, y hasta en ocasiones obra de un solo pensador

---

119 Arcaya, *Discurso leído...*, p. 69.
120 Arcaya, *Estudios de Sociología...*, p. 18.
121 *Ibid.*, p. 15.
122 Zumeta, *El Continente...*, p. 181.

o estadista previsor que sobre la masa informe de una mayoría pasiva o inerte tiene la audacia de levantar la bandera de la revolución intelectual, iluminarle el camino con la antorcha de una idea y llamarla al nuevo rumbo con la elocuencia de una palabra profética[123].

En la reunión del caudillo y sus letrados estaba, pues, el eje para la fragua de un régimen idóneo. La incapacidad manifiesta de un pueblo que todavía continuaba en la prehistoria de la vida política imponía una conjunción de tal entidad, y obligaba a la instrumentación de un mandato enérgico que impusiese desde arriba –sin la interferencia de los partidos y libre del brusco apetito de los personalismos menores– las pautas de la nueva sociedad.

El deber primordial del gobierno en pueblos que carecen por completo de educación cívica y en los que la anarquía vive en las más profundas estratificaciones hereditarias [habla ahora Vallenilla], es el de contener a tiempo toda tentativa de alteración del orden público, porque desde la familia hasta la nación ninguna sociedad vive en el desorden[124].

Por fortuna, en la figura de Juan Vicente Gómez había encontrado finalmente Venezuela el vehículo preciso para el logro de tales objetivos. Como en su hora Prusia con el enérgico Bismarck[125] y Centroamérica con el «singularmente magnánimo Celaya»[126]. Contra las predicciones de los acólitos del «romanticismo político» y del humanismo mal entendido, la idiosincrasia venezolana –producto de la diferenciación de los organismos colectivos e hija legítima de la nueva ciencia– vivía la hora...

123 Gil Fortoul, *De hoy para mañana*, p. 480.
124 Vallenilla, *La Rehabilitación de Venezuela. Campañas políticas de «El Nuevo Diario»*, pp. 88-89.
125 Zumeta, *Las Potencias y la intervención...*, p. 125.
126 Zumeta, *Hombres y problemas...*, p. 198.

«de la Rehabilitación Nacional y de su ilustre Jefe»[127]. Desde 1908 los venezolanos combatían «… no en esas luchas bizantinas de los viejos bandos políticos, sino como buenos soldados de una Causa y como buenos hijos de la Patria bajo la inspiración y la dirección del General Gómez, en favor de la paz, del progreso y del crédito moral y material de la República»[128].

b) Las virtudes del gendarme

Al decir de César Zumeta: «La estupenda transformación realizada… por el Presidente General Juan Vicente Gómez comprueba cómo los sistemas de gobierno van amoldándose irremisiblemente, no a antojadizas fórmulas vacías de verdad y virtud realizadoras, sino a los factores vitales del respectivo pueblo en el respectivo momento, y que no se alcanza jamás ese ajuste, en país alguno, sino por obra y estímulo de la personalidad que encarna en ese momento ese pueblo»[129]. Habíase producido tal ajuste merced al carisma del dictador, cuyo gobierno reflejaba los intereses de la República y era consecuencia de nuestra dinámica social[130].

Un argumento de esta especie obliga a los teóricos del gomecismo a una extensa exposición de las cualidades del jefe del gobierno. Dado que dependía de una individualidad el éxito del proyecto que les era tan caro, no guardan recato a la hora de cantar las glorias personales del caudillo.

En este orden de ideas expresa Vallenilla:

Por un resultado de nuestra idiosincrasia política, la dirección de nuestros destinos se halla en manos de un hombre que une al carácter y al más

---

127 Vallenilla, *Discurso pronunciado en la sesión inaugural del Congreso Nacional el 19 de abril de 1939*, p. 5.
128 Vallenilla, *Discurso de instalación por parte del Presidente don Laureano Vallenilla Lanz: el 19 de abril de 1920*, p. 7.
129 Zumeta, *Discurso inaugural de las sesiones correspondientes al año 1932*, p. 5.
130 *Idem.*

consciente amor por la patria, las facilidades innatas de gobernante, sin cuyo concurso no es posible construir nada estable ni definitivo. Como todos los hombres que han dejado una huella profunda de su paso en las naciones de Hispanoamérica, él tiene la perfecta noción de su destino; y la solidez de la situación que ha logrado crear es la prueba más evidente de que su vigorosa personalidad es como la encarnación misma de la patria. Él es el hombre del momento. Dentro y fuera del país, él representa la más sólida garantía de la paz del crédito y de la prosperidad nacional[131].

Arcaya, además de enérgico[132], lo encuentra honesto: «Tiene una gran autoridad moral. Él la tiene y cada día la acrecienta porque nadie podrá decir que se haya complicado en negociaciones fraudulentas con perjuicio de la nación; ni que haya consentido ningún desmán para que le sea arrebatado a persona alguna lo que le pertenece. Nadie ha sido osado en sugerirle ninguna determinación política o administrativa con el halago de ilícitas prebendas»[133]. Por su parte, Gil Fortoul se congratula de haber sido el primero en señalarlo como «hombre fuerte y bueno»[134], lo califica de «discreto, modesto y prudente»[135], y llega al extremo de alabar sus virtudes oratorias. Por ejemplo, al responder a una de sus lacónicas y contadas peroraciones, expresa:

General: En los hombres de acción la palabra es también un acto, sobria y rápida. Tal vuestro mensaje[136].

Era acaso la única alabanza que en tal sentido podía hacerse de un individuo que jamás manipuló los vocablos para someter el pueblo a su coyunda.

---

131 Vallenilla, *op. cit.*, p. 6.
132 Arcaya, *Memorias...*, p. 180.
133 Arcaya, *Discurso de instalación de las sesiones el día 19 de abril de 1919*, p. 5.
134 Gil Fortoul, Manuel Díaz Rodríguez: *Discursos de recepción del nuevo académico José Gil Fortoul*, p. 26.
135 Gil Fortoul, *Discursos y Palabras*, p. 268.
136 Gil Fortoul, *Contestación al breve mensaje del Comandante en Jefe del Ejército Nacional*, p. 5.

La prosa oficial de Vallenilla también se desgrana en honrosos calificativos para «… el egregio caudillo que empuña la bandera del engrandecimiento nacional», para «el hombre honesto y digno que nos guía»…, para «el adalid de lo venezolano»[137]. Y Zumeta está feliz por su extraordinaria suerte, la suerte de colaborar con «esta patricia figura de patriota y hombre de buena fe»[138].

¿Había, según nuestros autores, algún asomo de adulación en estas loas? En absoluto. Los precursores de la positividad racional no cabían en el cuadro de los felicitadores tradicionales. El interés personal no movía su desmesurado encomio, porque con él solo procuraban «… solidificar los elementos constitutivos de la sociedad: Patria, Unión, Paz y Trabajo»[139].

> Al reconocer la autoridad de un Jefe cuya obra está a la vista de todos y despierta la alabanza de propios y extraños [sentencia Vallenilla], estamos dentro de los principios más racionales de la ciencia política positiva[140].

En extremo, concluye Zumeta, apenas hacían la alabanza de la constitucionalidad, porque «El General Gómez representa la legitimidad, si algo pudiera llamarse constitucional y legítimo en Venezuela»[141].

En todo caso nuestra suerte estaba sujeta a las previsiones del portentoso individuo, la marcha del país dependía de la voluntad de Gómez, la construcción de esa nueva Venezuela alejada de

---

137 Vallenilla, *Discurso en ocasión de la instalación de la Cámara del Senado el 19 de abril de 1916*, p. 3.
138 Zumeta, *Hombres…*, p. 36.
139 Vallenilla, *Discurso en la sesión inaugural del 19 de abril de 1923*, p. 5.
140 Vallenilla, *Discurso de instalación por parte del Presidente Laureano Vallenilla Lanz el 19 de abril de 1920*, p. 7.
141 Zumeta, *Hombres…*, p. 38.

las antiguas turbulencias era obra de Gómez. Por fortuna, de sus incomparables atributos solo podía resultar una gestión particularmente brillante.

c) La obra del gendarme

Merced a la sabia política del «Supremo Director», Venezuela se situaba:

> «… entre los pueblos más juiciosos de nuestra América»[142].

Las realizaciones de mayor entidad tenían que ver con la modificación de las relaciones políticas y con el fomento de la economía.

En lo referido al primer aspecto, los autores encuentran en el establecimiento de la «bendita paz» el mayor aporte de la dictadura[143]. Gracias a su laboriosa consecución, podían procurarse sin interferencias el progreso material y la redefinición de las instituciones[144]. La República necesitaba reposo después de un abigarrado lapso de asonadas, y «la Rehabilitación hacía que el pueblo se olvidase de las revoluciones»[145].

De acuerdo con Zumeta:

> … si la espada del General Juan Vicente Gómez cierra en 1903 el rojo paréntesis de 1.400 combates librados por las facciones desde 1826… desata y encauza esta fecundísima revolución de Paz, Unión y Trabajo que reincorpora a Venezuela al siglo y al progreso[146].

---

142 Vallenilla, *Intervención en la sesión del día 24 de mayo de 1920*, p. 16.
143 Vallenilla, *Discurso en ocasión de la instalación de la Cámara del Senado el 19 de abril de 1916*, p. 4.
144 Arcaya, *Sesiones de 1921*, p. 3.
145 Arcaya, *Memorias...*, p. 89.
146 Zumeta, *Discurso pronunciado en la inauguración de las sesiones de 1932*, p. 5

La paulatina disminución de la autoridad de los caudillos a través de la creación del Consejo de Gobierno[147] y de la fundación de un ejército moderno, dependiente del poder central[148], había cerrado el ciclo de la disgregación para permitir la ejecución de un proyecto coherente cuyas consecuencias serían de incalculable entidad. Porque, anota Arcaya:

> ... cuando la paz llega a durar tanto como ha durado en Venezuela desde 1908, el organismo social sufre una honda transformación; y las masas que antes se entusiasmaban con huecas frases y con las mentidas leyendas que convertían a unos oscuros e ineptos guerrilleros en patriotas heroicos, ya no ponen sus miras sino en la realización de los altos ideales que inspiran a los pueblos cultos de la tierra[149].

Después del más funambulesco despotismo, concluye Vallenilla, Gómez imponía la disciplina, mantenía la paz a todo trance y, por consiguiente, hacía sentir «... el espíritu reformador y positivista que abandona definitivamente la región de las abstracciones y de los puros idealismos en que se derrocharon tiempo y energías, para consagrarse a satisfacer las necesidades más ingentes de la patria, dentro de las imposiciones de la vida moderna»[150].

El fomento de la actividad económica era resultado inmediato del autoritarismo. La férrea tiranía, merced a su control del juego político, permitía «un amplio liberalismo económico», alentaba el trabajo y protegía a las industrias[151]. La agricultura emprendíase «en grande»[152]. Las obras públicas y las empresas particulares

147 Gil Fortoul, *Discursos...*, p. 419.
148 Vallenilla, *Contestación del Presidente del Senado al Mensaje del Comandante en Jefe del Ejército*, p. 5.
149 Arcaya, *Discurso inaugural de las sesiones de 1922*, p. 8.
150 Vallenilla, *Contestación del Presidente del Senado...*, p. 9.
151 Gil Fortoul, *Discursos...*, p. 234.
152 Arcaya, *Memorias...*, p. 81.

vivían su mejor momento[153]. El capital monopolista arraigaba para beneficio nacional[154]. Y en apenas dos décadas, Venezuela superaba cien años de atraso[155]. En fin, la posibilidad de dedicarse todos a la causa del trabajo, sin la intromisión de los antagonismos políticos y sin el ascendiente del caudillismo muerto, producía un esfuerzo homogéneo, susceptible de orientar al país hacia la dorada meta del progreso, segura en cuanto estaba resguardada por la estabilidad que imponía sin contemplaciones Juan Vicente Gómez.

Así las cosas, el hombre que habían impuesto las circunstancias reflejaba el sentir colectivo mediante la fragua de un régimen de fuerza cuyo vínculo con las vivencias nacionales garantizaba la estabilidad propia de los proyectos oriundos, de los planes apegados al medio genuino y no al modelo extranjero. La dinámica del caos antecedente provocó el advenimiento de una dictadura que, por primera vez en la historia de Venezuela, manipulaba con frialdad las piezas del contexto con el objeto de promover el progreso sobre el sólido fundamento de un orden efectivo. La tarea hubo de corresponder a un individuo superdotado para la función de gobernar, quien, además de encarnar el espíritu de la nación, reflejaba la certidumbre y la infalibilidad de la filosofía positivista. De esa filosofía de raigambre europea que, en la mente de cuatro acólitos venezolanos, diagnosticó sin fortuna nuestros males para encontrarles severo desenlace en el mandatario más cruel de que tengamos memoria.

---

153 *Ibid.*, p. 127.
154 *Ibid.*, p. 159.
155 Zumeta, *El Continente...*, p. 239.

Balance

Según se colige de lo expuesto, es evidente el nexo entre el pensamiento positivista y el mandato de Juan Vicente Gómez, en cuanto la ideología se coloca al servicio de la dictadura y procura su justificación. El cuerpo doctrinario que, luego de su introducción a Venezuela, busca la mudanza de los sistemas de conocimiento y el cambio en los objetivos de la actividad científica, tórnase en arma política cuando pretende construir la imagen benévola de una fiera tiranía. El maridaje entre las ideas objeto de estudio y la forma política a la cual sirven incondicionalmente se estrecha en extremo, hasta el punto de llegar a integrar un solo y mismo fenómeno.

Si bien el positivismo es anterior al advenimiento del gomecismo y persigue, en esencia, metas diferentes, se adhiere sin pudor a la causa del gobierno y llega a convertirse en una de sus manifestaciones cardinales. En principio se trata de dos ocurrencias distintas por su carácter, su procedencia y su etiología, pero la sumisión de la corriente ideológica a los intereses del régimen produce una ajustada sinonimia que los llega a identificar y los hace convivir y desaparecer al unísono. El positivismo venezolano medra a la sombra de Gómez, subsiste en la medida en que favorece al dictador e impide manifestaciones contrarias, reitera cansonamente sus postulados ante la complacencia de un régimen cuya solidez no hacía precisa la presencia de un conjunto orgánico de cultos publicistas, pero que, contra toda lógica, no podía cometer el dislate de impedir la divulgación de una doctrina de apoyo. El imperio del positivismo se prolonga cuando se deposita en las entrañas del sistema para constituir uno de sus fenómenos de mayor representatividad, y una barrera para la penetración de orientaciones antagónicas. Si el gomecismo significa la privanza absoluta y arbitraria de un hombre en la génesis de la Venezuela contemporánea, el positivismo es el escudo para presentarlo a la consideración del mundo, el ropaje erudito de una realidad de la que forma parte y a la cual debe su permanencia, mientras en otras latitudes golpean nuevos aires en la mente de los hombres.

La vocación práctica de los fundadores de la escuela constituye el puente para la unión con el gomecismo. Los autores anuncian la posibilidad de aplicar soluciones efectivas en beneficio de la estabilidad nacional, presumen haber localizado al fin un conducto plausible para detener la cadena de ejercicios retóricos, huecos y sin sentido que habían dominado el panorama intelectual del siglo XIX. Justificando su inserción en la clientela del caudillo con la procura de tan deslumbrante probabilidad, construyen desde la cúpula la legitimación del régimen, aprueban y divulgan sus realizaciones.

En el origen del nexo entre positivismo y gomecismo se encuentra, entonces, la subvaloración del movimiento cultural antecedente. El punto de partida para la proyección del nuevo esquema no es otro que el absoluto divorcio frente a la cultura de antaño, que juzgan imprecisa, superflua e impropia, a pesar de ser pieza inmediata de la evolución a la cual tanto decían considerar en sus escritos. Esa brusca ruptura respecto del pasado, acaso justificable por el espíritu de la nueva centuria que buscaba otros horizontes y un deslinde frente a los errores previos, traduce una postura incoherente frente a la matriz ideológica, dado que la noción de evolución constituye uno de sus fundamentos de mayor entidad. A la hora de juzgar a los intelectuales del siglo XIX, nuestros positivistas, en lugar de mirarse como corolario de los sucesos anteriores, hacen tabla rasa para presentarse como pioneros de un marco conceptual independiente y novedoso en absoluto. Tal marco conceptual encuentra apoyo en los procedimientos de las ciencias físicas y naturales, cuya utilización en el análisis de la sociedad origina una visión estrecha y parcial que sirve, en última instancia, como aval para la dictadura.

Dentro del aspecto teórico propiamente tal dominan los planteamientos relativos a herencia y medio geográfico, así como la preocupación por el estudio del factor étnico. Si bien en el último aspecto no siguen ciegamente a las fuentes europeas, insisten en la trascendencia de los elementos hereditarios y ambientales en la fragua de nuestra vida social. Sobre esos dos pilares fabrican un diagnóstico en el cual destaca la influencia de las orientaciones biológicas y físicas, cuyo peso pretenden demostrar mediante la teoría de la evolución y el principio de las leyes sociales. A la postre están seguros de llegar al quimérico dominio de la objetividad absoluta, en el cual las fórmulas aportadas por la ciencia natural producirían el conocimiento exacto.

La observancia de los rígidos patrones motiva un estudio restringido del medio y refleja las limitaciones del método para la investigación social. La primera restricción se observa cuando indagan el problema de la especificidad de América Latina. Están conscientes de la existencia de la singularidad, pero pretenden examinarla a través del manejo de procedimientos no específicos. La posibilidad de diferenciar a la colectividad latinoamericana, y de situarla en lugar adecuado dentro del contexto mundial, se persigue merced a la aplicación predominante de los criterios del positivismo europeo, en especial los aludidos sobre herencia y medio geográfico. Siguiendo ciegamente tales presupuestos, construyen una descripción panorámica para detenerse solo en los elementos susceptibles de avalar los asertos de la fuente primaria, de la cual no se apartan y la cual no procuran adaptar a la problemática oriunda.

De allí que escapen al criterio de los analistas problemas tan importantes como el comportamiento de las relaciones económicas, la dinámica de los conflictos sociales y la intervención del capitalismo monopolista, a través de los cuales podía elaborarse un rastreo efectivo para la determinación de la personalidad continental, así como la proposición de soluciones razonables. Apenas Zumeta columbra la trascendencia del imperialismo como ingrediente fundamental del proceso, mas, dado que no se detiene con suficiente ponderación en el examen de los intereses económicos, deja el episodio sin desenlace.

En la proposición del plan para superar las deficiencias descubiertas en el análisis, los autores reiteran la postura: copiar el modelo europeo, sin preocuparse por sus posibilidades de asimilación al nuevo ambiente, soslayar los problemas de fondo. En consecuencia, mientras no se plantean ni siquiera la posibilidad de una leve reforma estructural, encuentran en factores como la inmigración y la penetración del capital foráneo la panacea para América Latina, que es el recipiente pasivo cuyo destino depende otra vez de las metrópolis. Tal es la conclusión del apego excesivo a una teoría eurocentrista y conservadora, cuyos linderos fueron incapaces entonces de traspasar.

Paralelamente a las aludidas inconveniencias, en el estudio del aspecto político a nivel continental surgen también las contradicciones. En efecto, resulta en extremo impertinente la sugerencia de innovaciones como la implantación del sufragio popular y la detracción de los caudillos, cuando más tarde se niegan las bondades de la democracia representativa y se va a apoyar al caudillo de turno. Resulta en extremo impertinente acusar de todos los pecados al personalismo y solicitar con vehemencia su erradicación, para servir más tarde la mesa de Juan Vicente Gómez. Resulta en extremo impertinente elaborar la curiosa nómina de los males de América Latina, para olvidar luego su incómoda presencia. La incongruencia sugiere poca preocupación de los autores por la mostración de un pensamiento lógicamente coherente, y el predominio del factor político en el manejo de los conceptos. Así como no hay interés por la exposición lógica de los argumentos, tampoco existe aprensión ante el abierto contraste que se pudiese captar entre la divulgación de un cuerpo doctrinal y el comportamiento sumiso de sus portavoces, dispuestos a soslayarlo o a traicionarlo por simple conveniencia personal. De allí la inoperancia de las ideas para quien pretenda verlas como expresión de un sincero anhelo intelectual, cuando más bien son la clave para el estudio de un vínculo histórico –los intelectuales y el poder– que se ha reiterado, antes y después, con profundas implicaciones sociales.

Para estudiar el fenómeno venezolano los autores transitan la misma estrecha ruta, pero en el trayecto no repiten las ambivalencias del vistazo inicial. Se aproximan a la realidad nacional respetando las pautas del análisis anterior, sin que las contradicciones interfieran el desarrollo de los juicios. Encuentran en Venezuela un pasado tornadizo e inconstante y una predisposición a la belicosidad y a la desintegración, producidos por el combinado influjo del instinto, la raza, el clima y la marcha peculiar de las relaciones políticas. No obstante, cuando corresponde proponer soluciones se cuidan de señalar salidas contrarias al espíritu de la dictadura. Más bien procuran con tiento que los caminos conduzcan hacia Juan Vicente Gómez.

La sociedad que va a encontrar en el dictador el fin de su malandanza carece de conflictos económicos y de problemas sociales, y está libre de la manipulación foránea. Es simplemente una sociedad inestable cuyo progreso depende de una autoridad robusta. Es una sociedad con problemas políticos a la cual debe darse un desenlace político. Así como en el siglo XIX fracasaron los intentos de organización debido a la injerencia persistente de los caudillos, ahora la gestión de un caudillo mayor, diestro y todopoderoso, ofrecía al país la posibilidad cierta de arribar a la positividad racional. Era la consecuencia de una enfermedad crónica cuya erradicación debía corresponder a un curandero oriundo, antes que a prescripciones extrañas.

En el planteamiento está incluido un deslinde del personalismo, en cuanto los analistas distinguen dos modalidades en el desarrollo de su influjo. El personalismo del siglo XIX refleja la esencia de la sociedad suicida que marcha sin concierto hacia la ruina por la carencia de dispositivos de control. El estado elemental de la colectividad no permite la regulación de las fricciones, y produce un pugilato desenfrenado que temporalmente domina el individuo más fuerte. Así surge *el personalismo negativo*. Sin embargo, la propia sociedad crea en su evolución un estadio transitorio cuyo avance en relación con el período anterior permite el gobierno de un mandatario más fuerte que sustituye las antiguas combinaciones políticas y puede preparar el lapso de la integración; que golpea los focos dispersos de poder y congrega en su torno a los factores necesarios para administrar sin interferencias a Venezuela. Surge entonces *el personalismo constructivo*. El personalismo de Juan Vicente Gómez.

Según este orden de ideas, Gómez representa un fenómeno de transición positiva cuyo ascenso obedece a la evolución de la colectividad. El movimiento de la historia hace inoperante el juego de los capitanes tradicionales y permite su progresiva aniquilación en beneficio de una figura nacida en el mismo seno, pero impregnada del aliento que inspira la nueva situación. Figura susceptible de encaminar a Venezuela por una ruta distinta. El dictador es, en consecuencia, criatura de otro tiempo cuya raíz comienza a desarrollarse a plenitud bajo su amparo.

Ese individuo que han escogido como vocero las circunstancias está dotado con brillantez para romper los hábitos negativos y promover el fomento material. Su natural bondad, su perspicacia, su prudencia, su honestidad sin tacha, su conocimiento del país, su ponderación en las decisiones, lo convierten en el mejor instrumento del país que entierra sus veleidades y busca un destino diferente. Gracias a tan excelsas y cuantiosas virtudes ha podido iniciar un dorado lapso de orden y progreso, sin partidos políticos ni turbulencias que impidan el avance de la economía, la penetración de los monopolios y la reorganización de las instituciones.

El soporte del argumento se encuentra en el temor inspirado por el fantasma de la anarquía. El prisma a través del cual observan nuestra historia capta de preferencia la parcela política, sin atender a los campos económico y social. Así las cosas, la entidad del personalismo y las querellas de los caudillos predominan en la visión, mientras quedan excluidas las otras piezas. En el fondo reconstruyen una escena manipulada por un reducido elenco de individualidades y desembocan en un teatro cuyo manejo depende de un selecto racimo de protagonistas: Gómez y sus allegados. Del caudillo dependen la paz y el orden. De los otros, la parte racional que conduce al progreso.

Nuestros intelectuales guardan entonces para sí un papel fundamental. Son la parte pensante del régimen, los líderes que deben imponer su destino a la inerte masa. Dentro de la minoría que disfruta el poder junto a Juan Vicente Gómez integran un excepcional puñado de cerebros cuya función es retocar el semblante de la dictadura, apuntalar sus bases y sugerir los planes para la creación de un nuevo Estado nacional. La repetición de los principios del positivismo importado sirve para esa dilatada tarea en la cual los sorprende la muerte del presidente, con cuya desaparición pierde vigencia el abrumador papelerío que alcanzaron a redactarle durante veintisiete años.

El elemento sobresaliente en la aplicación global de la teoría es la imagen pesimista que avala los principios destinados a la legitimación del régimen autoritario. El dictador no es producido por las virtudes colectivas, sino por los defectos del pueblo. No hay oportunidad de anotar puntos favorables a la sociedad venezolana cuando se mira el panorama que esbozan sobre el pasado. Apenas se encuentra cierta predisposición hacia algún trazo auspicioso cuando estudian el proceso de nuestro mestizaje, de cuyo desarrollo coligen la existencia de un individuo relativamente virtuoso, capaz a medias para procurar una solución a su antigua problemática. Pero sujeto, en todo caso, a una superior dirección, susceptible de orquestar un mediano equilibrio para la progresiva eliminación de múltiples y dominantes fallas.

Sin embargo, elaboran el primer intento sistemático de legitimación de un gobierno en Venezuela mediante la aplicación de una teoría coherente y uniforme. Desde los tiempos de la colonia nadie había aplicado con tanto rigor los presupuestos filosóficos de una escuela estructurada, con el objeto de justificar al régimen coetáneo. Ni siquiera el influjo de la modernidad en el período de la independencia tuvo la uniformidad y el carácter de premisa dominante en términos absolutos, como ocurre con el caso del positivismo.

En el proyecto destacan por su homogeneidad las ideas de Vallenilla Lanz, con su pesada carga de organicismo, y los atisbos ocasionales de César Zumeta, así como en general sobresale la ausencia de originalidad en los planteamientos.

La posibilidad de encontrar una explicación razonable y definitiva a la actitud de los intelectuales no se concreta con la sola descripción de sus ideas. Es preciso internarse en el conocimiento de sus nexos con el «Rehabilitador», examinar su posición en la burocracia y toparse con las retribuciones que debió encontrar su gestión en beneficio del gobierno. Las cartas incluidas en el epistolario dan cabal cuenta de tales ocurrencias. Aunque apenas integran una muestra, reflejan el grado de dependencia del cuarteto frente a Gómez, su intimidad con las cruentas disposiciones del régimen y su favorable situación en el reparto de los favores. Constituyen una fuente de gran confiabilidad porque exhiben sin subterfugios la comunicación inmediata con el dictador. Están protegidas por la reserva de la valija diplomática y por la intimidad del correo de Miraflores, apenas hoy desvelada por los estudiosos.

La correspondencia los señala como empinados funcionarios a quienes competen graves y múltiples responsabilidades, pero también los descubre como servidores sumisos que dan humilde cuenta de su paso, que mezclan la función pública con la intestina atención del jefe, que manejan los hilos de la delación mientras reciben generoso beneficio por una dilatada e indispensable faena. Se trata del testimonio que deslinda la fisonomía del vínculo objeto de estudio y permite la comprensión global de su desarrollo. Es, pues, un ajustado colofón para este escrito.

Epistolario

FUE MUY FRECUENTE LA COMUNICACIÓN epistolar entre los intelectuales objeto de estudio y el general Juan Vicente Gómez. En el Archivo Histórico de Miraflores reposan cerca de un mil cartas, memorias, billetes y telegramas que hablan de su cotidiano vínculo con el presidente. Ahora no se incluyen en su totalidad. Solo se verá a continuación una muestra de misivas inéditas, a través de las cuales se patentiza su relación de clientela frente al caudillo y la etiología del cuerpo doctrinario que construyen para justificar la dictadura, del cual se ha ocupado la parte anterior.

Según se colige de la correspondencia, la más absoluta sumisión caracteriza el nexo entre los campeones del positivismo y el jefe del gobierno. Quienes predican a los cuatro vientos la importancia del examen autónomo de los fenómenos, en su despacho de burócratas olvidan el trascendente precepto para constituir una reunión de acólitos devotos cuya voluntad no se levanta en la proposición de ninguna sugerencia que pueda traducir una iniciativa emancipada de la voluntad superior. El estrecho marco del régimen solo les permite realizar el papel de ejecutores de un proyecto político impuesto desde arriba, aunque en el fondo se consideren como artífices racionales de un nuevo orden venezolano. En realidad apenas se permiten, ajustándose a su rol, la tímida proposición de retoques menores para complacer al jefe.

En efecto, su mayor interés es agradar a Gómez. De allí que no resulte extraño encontrar a Gil Fortoul como capataz de albañilería, celoso en el curioso remiendo de una propiedad del presidente; a Arcaya transformado en rastreador de minas, mientras anhela encontrarle petróleo en «La Rubiera»; o a Vallenilla relatando, ocurrencia que debió contentar al viejo dictador, la apretada nómina de sus achaques. Detalles de esta especie, aparentemente triviales, aparte de demostrar la magnitud del poder de Gómez, aportan considerables indicios para calibrar la descomunal estatura del lindero que debieron imponerse, para permanecer en la cúpula, quienes presumían de pioneros de la positividad racional.

Los doctos señores, que en sus escritos demostraban acusado desvelo por la construcción de un esquema institucional moderno y respetable, ni siquiera se atreven a deslindar con precisión el sitio correspondiente a los asuntos del Estado frente a los asuntos del caudillo, para retroceder, en consecuencia, hacia el bárbaro lapso del personalismo primitivo que tanto parecía repugnarles. La fiscalización a que someten sus escritos, sus discursos y toda su gestión administrativa es testimonio de la propia situación que coloca al gobernante como dispensador exclusivo de todas las prebendas y a sus remitentes como receptores de todas las directrices.

Por lo tanto no es extraño que la filosofía positivista, transformada en hábil instrumento de sus portavoces, apenas pueda reiterar acartonados argumentos en beneficio del sistema, mientras impide la formulación de distintas y más novedosas expresiones del pensamiento. Es el arma portentosa de los discípulos del orden y el progreso en un régimen que demoraba la entrada del país al pujante universo de la contemporaneidad.

La absoluta entrega a la causa de la dictadura los aleja, pues, de la actividad puramente intelectual y de alto nivel burocrático para conducirlos al servicio personal, antes que al servicio de la nación. Hubieron de llegar a los más escandalosos extremos, en cuanto destacaron igualmente como eficaces ramificaciones de la policía gomecista. Desde la segura atalaya de las plazas diplomáticas cumplieron puntual oficio de detectives y pertinaz labor de hostigamiento de los cabecillas de la oposición.

Quien procure una explicación de tales actitudes encontrará en la correspondencia ciertas referencias de valor, pues se topará con las retribuciones que les deparó su empeño. Acaso no fue solo la recompensa material el motivo que originó su respaldo a Juan Vicente Gómez, pero, en todo caso, la presencia del pesado factor surge con elocuencia en no pocos documentos.

Gracias a la aludida temática, este epistolario aporta datos de capital importancia para la comprensión de los vínculos entre positivismo y gomecismo. Especialmente porque, además de aproximarse a la causalidad del fenómeno, abunda en evidencias para la afirmación de un matiz metodológico de trascendencia para la historia de nuestras ideas: la necesidad de no quedarse en la simple descripción del cuerpo argumental; la necesidad de conocer las relaciones de diversa índole que mueven al sujeto expresante y lo conducen a producir un pensamiento orgánico al servicio de un fin determinado. Por consiguiente, si en la parte que precede más bien se ofrece una fotografía de la corriente ideológica cuyo objetivo es la justificación del gomecismo, al través de las cartas está desbrozado el camino para la factura de su radiografía.

I. Correspondencia de Pedro Manuel Arcaya

1

Caracas, 11 de febrero de 1913

Señor
General
Juan Vicente Gómez
Miraflores

Respetado General y Amigo:

Tiene esta por especial objeto darle las más expresivas gracias por su Resolución ordenando erogar a mi favor la suma de cuatro mil bolívares, conforme y para los fines que expresa la nota que de orden suya pasó el Ministro de Relaciones Exteriores al de Hacienda que me satisfizo ya la referida suma.

Es esta una nueva demostración de su buena voluntad hacia mí que se agrega a las muchas otras distinciones que a usted debo. Sus favores sé agradecerlos y estimarlos.

Reiterando a usted las protestas de mi adhesión me suscribo de usted

Su affmo. amigo y atto. ss.
Pedro M. Arcaya

2

Caracas, 24 de marzo de 1914

Señor
General
Juan V. Gómez
Maracay

Respetado General y amigo:

Después de saludarlo afectuosamente paso a comunicarle lo que acabo de leer en un periódico de New York llegado por el último correo.

Dice, pues, el *New York Times* del 14 de los corrientes, que se rumora que un agente en municiones que anteriormente estuvo ligado con el ya finado Presidente Huerta, de México, está ahora en contacto con los revolucionarios venezolanos y que se rumora también que para ellos ha despachado elementos de guerra hacia un punto, que no nombra el periódico, de la frontera colombiana venezolana.

No creo en tal noticia, mas como puede dar indicios de las gestiones que estén haciendo los enemigos, he creído conveniente como su leal amigo y servidor, llevarla a conocimiento de usted.

Reiterándole mis respetuosos y cordiales saludos.

Soy su adicto amigo,
Pedro M. Arcaya

Le incluyo el recorte contentivo de la noticia que le dejo transcrita y traducido el párrafo respectivo, con hoja aparte.

Arcaya

3

Dr. Pedro M. Arcaya
Abogado
Caracas - Venezuela

Caracas, 28 de octubre de 1917

Señor
General
Juan Vicente Gómez
Maracay

Respetado General y amigo:

Además de presentarle mis respetos y saludarlo cordialmente, tiene esta por objeto llevar a su conocimiento, como mi Jefe y amigo muy distinguido, que en la necesidad de ocuparme en algo, he resuelto abrir mi Escritorio de Abogado, y así lo avisaré próximamente por la prensa, pues hasta ahora no había ejercido en Caracas sino en Coro.

Al comunicárselo a usted, ofreciéndole antes que a nadie mis servicios, es también con el fin de significarle que la profesión no me impedirá por ningún respecto estar siempre a la orden de usted, si en cualquier momento tuviera a bien volver a utilizarme en la Administración Pública, pues siempre me hallará usted a su disposición como elemento decidido de la Causa Política que usted preside.

Por lo demás, le reitero lo que expuse, al entregar al general Andrade el Ministerio de Relaciones Interiores, esto es, que empleado o no, en toda época tendrá usted en mí al mismo amigo suyo, invariablemente leal y agradecido.

Con mis mejores deseos por su salud y prosperidad, soy de usted,

Afectísimo amigo,
Pedro M. Arcaya

4

Dr. Pedro M. Arcaya
Abogado
Caracas - Venezuela

Caracas, 2 de noviembre de 1917

Señor
General
Juan Vicente Gómez
Maracay

Respetado General y amigo:

Lo saludo cordialmente con ocasión de avisarle que hoy recibí *ocho mil bolívares,* a cuenta del trabajo que estoy haciendo, y cuyo primer tomo presenté ya, sobre Historia de las Reclamaciones contra Venezuela.

Al darle las más expresivas gracias por su alta intervención en la favorable resolución de este asunto, le reitero lo que en mis anteriores le decía, que aquí me tiene completamente a sus órdenes, en lo político para lo que usted como Jefe de la Causa a que pertenezco tenga a bien encomendarme, y en lo profesional, en cualquier negocio particular suyo que se digne confiarme para su gestión o estudio pues desde el 29 del mes pasado abrí mi Escritorio.

Su adicto amigo,
Pedro M. Arcaya

5

Caracas, 15 de abril de 1919

Señor
General
Juan Vicente Gómez
Maracay

Respetado General y amigo:

El Sr. Dr. Márquez Bustillos me hizo saber el deseo de Ud. de que se me recomiende para la Presidencia de la Cámara del Senado en su instalación próxima. Es esta una nueva distinción con que Ud. me favorece y le estimo y agradezco en alto grado. Ud. sabe que me tiene en todo momento a sus órdenes en cuanto me crea útil.

Ya he entregado al Sr. Dr. Márquez Bustillos el borrador del discurso que leeré en la instalación de la Cámara, y en el cual hago a la obra de Ud. la justicia que es debida.

Mande como siempre a su adicto amigo y servidor.

Pedro M. Arcaya

6

Abogado
Caracas - Venezuela

Caracas, 16 de agosto de 1920

Señor
General
Juan Vicente Gómez

Respetado General y amigo:

Lo saludo cordialmente deseándole toda felicidad.

Recordará usted que cuando estuve en Maracay a principios del mes pasado y tuve el honor de que me concediera audiencia, le expliqué que a fin de poder ejercer mi profesión en el ramo de minas y contratos con el Ministerio de Fomento, sobre lo cual había adquirido algunos compromisos con particulares que quizás pueden tener asuntos de esa índole que ventilar en dicho Despacho, no podía encargarme, después del Congreso, de la Consultoría que antes venía ejerciendo, a fin de evitar que por ningún respecto pueda nadie tildar mi corrección profesional, pero siempre a la orden del Gobierno para lo que me crea útil, pues Ud. sabe mi decisión por Ud. y la causa que dirige.

En tal virtud, como creo que pronto deberá hacerse el nombramiento de otro Consultor, y como además, los asuntos profesionales sobre minas que tengo en perspectiva no son de inmediato resultado, aspiro a que si es posible, se me ayude en alguna forma que Ud. crea conveniente, como sería, por ejemplo, el aumento de la pequeña asignación de trescientos bolívares mensuales que se me paga por el Banco de Venezuela.

En la misma audiencia que Ud. me concedió y con referencia a mis Proyectos de entrar a ejercer en el ramo de minas, hablamos de la nueva Ley de Hidrocarburos que, con mucha justicia da, durante un año, a los propietarios de tierras, el derecho de pedir la concesión del petróleo que exista en el subsuelo, pagando los impuestos legales. Sobre esto mismo, le insinué la posibilidad de que en las extensas posesiones de Ud. en los Llanos, exista petróleo y me ofrecí a Ud., como ahora lo hago de nuevo, desinteresadamente, por si tuviera a bien que le practique las diligencias legales dirigidas a asegurar, como propietario del suelo, su derecho al petróleo del subsuelo.

Me complace avisarle que tengo noticias de que en varios puntos del Guárico hay petróleo. No sería extraño, por tanto, que lo haya en La Rubiera. Dada la extensión de esa finca, y ser de terrenos planos, con acceso a un río navegable, si así resultare, el petróleo que allí hubiera tendría un gran valor.

Tengo también noticias de que en El Corozal, propiedad situada en el Guárico y de que me dicen es usted dueño o condueño, hay oro de aluvión, y que sobre el particular había hablado con Ud., el hoy finado General Pedro Ignacio Carreño. Si Ud. tiene a bien autorizarme para seguir tomando datos sobre esto, lo haré con mucho gusto y comunicaré a Ud. lo que obtenga, para que Ud. resuelva lo que tenga por conveniente.

Debo también avisarle que con referencia a los mismos Proyectos míos ya aludidos, he adquirido, por medio de mis relaciones, noticias diversas acerca de los terrenos baldíos que existen en zonas que se presumen petrolíferas. Las más precisas que hasta ahora tengo son las relativas a la parte Sur del Distrito Democracia, los Distritos Bolívar, Petit y Federación y la parte Sur (libre) del Distrito Silva, así como también los Distritos Urdaneta y Torres del Estado Lara, en todos los cuales hay terrenos baldíos en más o menos extensión, y sobre ellos, lo mismo que sobre los que existen en otras partes, puede el Gobierno, previa declaratoria de que se someten al régimen de Contratos especiales, celebrar estos con quien a bien tenga, sobre las bases especificadas en la misma Ley, muy favorables por cierto para la Nación, porque cada lote de diez mil hectáreas que se contratare representaría ahora un ingreso a las arcas nacionales, inmediatamente que se apruebe el Contrato por el Congreso, y so pena de caducidad, de más de cincuenta mil bolívares fuera de los posteriores impuestos de explotación, mientras que antes por cada lote de quince mil hectáreas no recibía el Tesoro Público ni *mil bolívares* inmediatamente.

Es así que ahora no podrán hacerse sino contratos que tengan fuertes probabilidades de su colocación a precios que permitiendo pagar tan grandes impuestos en beneficio de la Nación puedan dejar alguna utilidad a quienes los hagan.

Ahora bien, creo que esto puede suceder respecto a los baldíos de los Distritos que arriba le he enumerado. Sobre el particular he explanado al Sr. Dr. Márquez Bustillos detalles que sería demasiado largo explicar por escrito, y que él me dijo comunicaría a Ud. en su próximo viaje allá, y que mientras tanto le escribirá sobre el particular.

Soy su adicto amigo y att° S.S.

Pedro M. Arcaya

7

El Ministro de Venezuela
Washington, D.C.
Particular

Washington, 20 de septiembre de 1922

Señor
General
Juan Vicente Gómez
Caracas

Respetado General y amigo:

Tiene esta por objeto exclusivo tratarle un asunto puramente personal mío, y así comienzo por exigirle que me dispense lo moleste con esta exposición, que solo la hago obligado por las circunstancias.

Cuando fui nombrado para el cargo que ejerzo, debía al Banco de Venezuela alrededor de Bs. 20.000, fuera de otras cuentas pequeñas a varias casas. Todo lo pagué con la suma que para viático y gastos de instalación me dio el Ministerio de Relaciones Exteriores, invirtiendo el remanente en gastos del mismo viaje; mas para completar estos y traer con qué hacer los de instalación aquí, abrí una nueva cuenta en el mismo Banco por Bs. 50.000, con hipoteca de mi casa de habitación y la de mi escritorio y Biblioteca.

Sobre esa cuenta giré algo en Caracas en los días anteriores a mi venida, y me dio el Banco una carta de crédito por ocho mil dólares ($ 8.000) contra otro de New York, de la cual comencé a sacar algo en esa misma ciudad, y aquí tendré que sacar mucho más, por ser fuertes los gastos de instalación (ropa de invierno, establecimiento en otra casa a donde mudaré la Legación, etc.), los que me han acarreado la enfermedad de dos de los niñitos que cayeron en cama al llegar aquí, y los que me traerá la traslación de mi señora a una clínica a dar a luz el niño que esperamos. Así pues estoy de nuevo adeudado con el Banco de Venezuela; pronto esa cuenta crecerá bastante y los intereses seguirán cayendo.

Mi exigencia a Ud. se concreta, contando con su benevolencia, a que disponga que por una orden especial de Secretaría se me den veinticinco mil bolívares (Bs. 25.000), con lo que quedaré libre de la preocupación que me causa mi actual situación pecuniaria, teniendo hipotecado todo lo que poseo en Caracas, que es lo principal de mi escaso patrimonio. Para los gastos posteriores de mi vida aquí bastará el sueldo que devengo, aunque quizás no alcance para los de automóvil, que son indispensables, la suma fijada para gastos generales de la Legación, sobre lo cual, y según lo que resulte, le escribiré después.

Si Ud. me hiciere el favor de acordarme dichos Bs. 25.000, la orden respectiva podrá ponerse, para facilitar el cobro, a nombre de mi cuñado Carlos Urrutia V., que reside allí, quien abonaría luego dicha suma a mi cuenta del Banco.

Soy su adicto amigo y subalterno,
Pedro M. Arcaya

8

El Ministro de Venezuela
Washington, D.C.
Particular

Washington, 10 de octubre de 1922

Señor
General
Juan V. Gómez
Caracas

Respetado General y amigo:

Por acá, tuve el gusto de ver a Don Carlos Delfino y su señora. Ambos quedaron bien impresionados con la casa a donde he trasladado la Legación.

Delfino habló en su viaje con el señor que Ud. sabe, y trajo las mismas impresiones mías, esto es, que le convendría a Ud. utilizar las ofertas de dicho señor, aprovechando las circunstancias, que son sin duda las que a él lo han movido, de que sus enemigos, que lo están atacando rudamente, son los mismos que, según él, se han comprometido en planes revolucionarios contra el Gobierno de Ud. quebrantando la neutralidad que las leyes de los Estados Unidos, imponen a los nacionales de este país respecto de las cuestiones domésticas de otros, lo cual, comprobándose auténticamente, acarrearía graves responsabilidades a los infractores de esas leyes. Cualquiera suma que se invirtiera en esto, estaría bien gastada, pero hay que tener mucha reserva en el asunto y tratarlo por medio de un Agente de confianza que pueda entregar personalmente el dinero al propio personaje interesado.

A propósito de esto, conviene advertirle que de New York, como le decía a Ud. en mi carta fechada en esa ciudad el 8 del mes próximo pasado, escribí extensamente sobre el mismo asunto al Dr. Itriago Chacín, en clave, de modo que tradujera esos párrafos y los trasmitiera a Ud. Ahora bien, dicho Doctor me avisa recibo de una carta posterior mía, fechada aquí, pero nada me dice respecto a la de Nueva York. Como ella no iba en valija diplomática, por lo mismo que la despaché en Nueva York, temo se haya perdido. Si así sucedió, no hay peligro que se transparente su contenido, pues iba en clave. Allí le exponía la misma opinión que en la presente, esto es, la conveniencia de utilizar a dicho señor. Él no me mostró ningún documento, pero asegura que viniendo a los Estados Unidos podría adquirir pruebas fehacientes de la conspiración que se está urdiendo.

Como quiera que si se extravió mi carta de Nueva York para el Doctor Itriago Chacín, puede haber sucedido lo mismo con la que a Ud. dirigí, desde dicha ciudad, le remito copia de ella.

Por todos los correos le he escrito yendo mis cartas en la valija diplomática. Así seguiré haciéndolo.

Soy su adicto amigo y subalterno,

Pedro M. Arcaya

9

El Ministro de Venezuela
Washington, D.C.
Particular

Washington, 27 de octubre de 1922

Señor
General
Juan V. Gómez
Caracas

Respetado General y amigo:
    Recibí y contesté anteayer su cablegrama referente al asunto
a que se refería mi primera de New York y del cual volví a tratarle
en la mía del diez, porque no sabía si había recibido aquélla, y no
tenía aviso de recibo del Ministro de Relaciones Exteriores de la que
le dirigí también de New York, sobre el propio asunto, pues es ahora cuando he recibido la contestación del Doctor Itriago Chacín,
fechada el 5 de los corrientes. Por lo demás, no he tenido ocasión
de volver a tratar acerca del mencionado asunto, después que por
orden de Ud. conferencié con el señor de que se trata, habiéndome
limitado a trasmitir a Ud. sus exigencias a fin de que Ud. resolviera
la conveniente, sin haber escrito desde aquí ni una línea al propio
interesado. Con D. Carlos Delfino hablé sobre el particular, porque
él me tocó el punto, manifestándose enterado de todos sus antecedentes, y diciéndome que también había conferenciado con el propio señor, quien le dijo esperaba la decisión de Ud. respecto a lo que
había tratado conmigo. Quedo en cuenta de que no es menester
seguir ocupándome de ese asunto.
    También recibí en la semana pasada su otro cablegrama re-
ferente a mi carta del seis. Me complace que haya Ud. aprobado

mi propósito de pedir al Ministerio de Estado de este país, el castigo de los difamadores, si llegasen a hacer las publicaciones infamatorias con que me amenazaron. Pero ellos como que se han dado cuenta del riesgo que correrían, porque nada han hecho, o por lo menos no me han remitido las publicaciones si las hubieren circulado. En previsión de que pueda haber sucedido esto último, he oficiado al Cónsul, de New York para que me envíe todas las que hubieren aparecido. Lo mismo he pedido al de Puerto Rico.

Las leyes americanas, de acuerdo con los principios del derecho internacional, ponen bajo la especial protección del Gobierno de este país a los Ministros Diplomáticos aquí acreditados, de modo que no necesitamos constituirnos acusadores en caso de ser injuriados, sino que el Gobierno mismo promueve la querella y pide el castigo de los libelistas. En este sentido son varios los precedentes que registran los libros sobre la materia.

No hay una disposición tan amplia, en las leyes de este país, como debía haberla, respecto a ataques por la prensa a Jefes de Estado extranjeros, poniendo así a estos en el caso, si quieren pedir el castigo de sus difamadores, de promover querella ante los Tribunales competentes, lo cual prácticamente no se hace. Pero sí prevén las leyes americanas el caso de que se incite al asesinato de un Jefe de Estado extranjero, erigiéndolo en delito procesable de oficio. No dejaré de invocar esta disposición legal para pedir su aplicación, si se repitiere, ejerciendo yo esta Legación, la prédica impunemente hecha antes por Jacinto López, quien aconsejaba por la prensa asesinarlo a Ud.

Los libelistas de New York se imaginaron que al llegar yo aquí me iban a amedrentar con sus amenazas, y que cometería la ridiculez de regresar sin presentar mis credenciales, con lo cual habrían dicho después que habían vencido.

Su adicto amigo y att°. S.S.,

Pedro Manuel Arcaya

10

El Ministro de Venezuela
Washington, D.C.
Particular

Washington, 9 de noviembre de 1922

Señor
General
Juan Vicente Gómez
Caracas

Respetado General y amigo:

Los enemigos han seguido quietos en la prensa y por lo demás cada día que pasa dificulta más sus locos planes de conspiración.

Por acá recibí una larga carta de un señor Ríos Hernández, de Puerto Rico, que estuvo empleado en el Consulado de Venezuela y fue depuesto de orden de Ud. En sus descargos formula, a su vez, acerbas acusaciones contra el actual Cónsul Ontiveros. Mas como Ud. conocerá bien a uno y a otro, no he creído necesario molestar su atención enviándole la carta aludida.

El señor Urdaneta, Encargado de Negocios en México, me remitió el recorte de periódico adjunto en que aparece la noticia de haberse constituido, por gestiones de la señora esposa del General Obregón, Presidente de la República, una Junta de Damas con el fin de trabajar por que cesen las persecuciones políticas que según ellas, tienen atribuladas a las familias venezolanas. Urdaneta cree que la noticia es falsa pero le he dicho que averigüe bien, y si resultare cierta, lo participe al Ministerio de Relaciones Exteriores y me lo avise.

México constituye hoy el peor foco revolucionario por el apoyo que los enemigos de Ud. han encontrado en el Licenciado Vasconcellos que con ser, como sus actos lo demuestran, un chiflado, priva en los consejos de Obregón, quien lo elevó al Ministerio de Instrucción Pública donde ha empleado a los que se dicen desterrados de Venezuela. Fue al Brasil de Embajador Extraordinario, pero pronto regresará a México, por vía de New York; allí lo están esperando unos tantos de nuestros revolucionarios para seguir con él.

Es verdaderamente inaudita la desvergüenza o la locura de ese señor Vasconcellos, y de muchos otros mexicanos que sirviendo a Obregón lo atacan a Ud., tildándolo de cruel, cuando Ud. no ha ordenado ningún fusilamiento, y bajo el actual régimen mexicano es de todos los días la ejecución, no solo de los revolucionarios cogidos con las armas en la mano sino hasta de simples conspiradores urbanos. Las últimas sangrientas ejecuciones fueron las de unos pobres diablos que se alzaron cerca de la frontera americana. Los derrotaron las fuerzas de Obregón, capturándose como a treinta y a todos los fusilaron. Mientras tanto, andaba alzado por otro lado el General Francisco Murgía, antiguo compañero de Obregón y gran personaje bajo el Gobierno de Carranza. Fracasó en su revuelta, estuvo huyendo solo, encontró asilo en la iglesia de un pueblo donde lo ocultó el cura, hasta que lo descubrieron allí las fuerzas del Gobierno. Lo sacaron, y horas después, mediante un simulacro de juicio militar, sin defensor, lo fusilaron en la plaza del mismo pueblo. Está bien que hagan lo que les parezca en su casa, pero ya que tienen el cinismo de convertirse en censores nuestros, creo, salvo el mejor parecer de Ud., que sería muy oportuno que en Caracas se formara una Sociedad que trabaje por la cesación de tales horrores y el término de esos sangrientos espectáculos, con que están escandalizando al mundo en México. De seguro que Vallenilla Lanz haría una brillantísima campaña en ese sentido, y yo de aquí enviaría abundante material.

Aunque tengo también credenciales de Ministro en México no creo oportuno ir a presentarlas mientras forme Vasconcellos parte del Gobierno de esa República. Sin embargo, si Ud. lo cree conveniente haré el viaje al ordenarlo Ud.

He estado recogido en la casa en estos días con una fuerte gripe.

Su adicto amigo y subalterno,

Pedro M. Arcaya

11

El Ministro de Venezuela
Washington, D.C.
Particular

Washington, 16 de noviembre de 1922

Señor
General
Juan V. Gómez
Caracas

Respetado Jefe y amigo:

Recibí hace tres días su grata del 24 de octubre, relativa al señor Roberts y sobre el particular escribí inmediatamente al Cónsul Rincones de New York, donde dicho señor Roberts reside. El Cónsul en contestación me dirige la adjunta por la cual verá que Roberts está en quiebra y arruinado. No es pues un enemigo peligroso, pero quedo en cuenta de las sospechas que hay acerca de él para en caso dado pedir algún procedimiento en su contra ante el Departamento de Estado. Mas para esto convendría, si a Ud. le parece bien, y se lo ordena, que el Dr. Cárdenas me trasmita los datos que tenga acerca de la actividad revolucionaria del expresado individuo en Europa.

Le remito algunas publicaciones de los revolucionarios en Panamá, La Habana y New York. En esta última ciudad solo ha aparecido un número de *El Venezolano*, fechado en octubre, pero circulado recientemente. Como su contenido no daría lugar a una querella ante el Departamento de Estado, espero ver si en los números siguientes dan motivo, a acusarlos con seguridad de que los procesen o expulsen, para no dar ningún paso en falso. Por lo demás ese mismo periódico demuestra el desconsuelo de esos señores; en uno de los artículos dicen que «la oposición duerme, está aletargada por la falta de cohesión de sus elementos». En efecto, la división que se produjo entre ellos desde que en julio de este año hizo Pedro Elías Aristeguieta unas publicaciones contra Ortega Martínez (que aunque ya viejas se las remito también), ha seguido ahondándose, y ahora se ha pronunciado más con la llegada de Carlos León, que por lo visto quiere formar casa aparte, dentro del escaso círculo de los conspiradores, con Arévalo Cedeño y algunos otros líricos. Por su parte el hijo del finado General Hernández, como verá también en los papeles adjuntos, los ataca a todos, y hasta al mismo Gobierno americano.

Hoy fui obsequiado por la Unión Panamericana con un almuerzo al cual asistieron varias distinguidas personas de la política y de los centros intelectuales de esta Capital. Con este motivo pronuncié las palabras de que le envío copia, declinando en Ud. este honor que se me hacía.

Soy su adicto amigo y subalterno,

Pedro M. Arcaya

12

El Ministro de Venezuela
Washington, D.C.
Particular

Washington, 27 de diciembre de 1922

Señor
General
Juan V. Gómez
Caracas

Respetado General y amigo:
Lo saludo cordialmente repitiéndole mis deseos de felicidad para Ud. y los suyos en el nuevo año, y paz y tranquilidad para la Patria bajo su acertada dirección.

A principios de este mes estuvo por acá el Licenciado Vasconcellos, de México, su, o mejor dicho, nuestro gratuito enemigo. Venía de Chile, Argentina y Brasil, por donde anduvo haciendo una propaganda socialista, casi anarquista o bolchevista. Supongo que con él se habrán ido a México algunos de los escritorzuelos venezolanos de que se ha rodeado y lo esperaban en New York para irse con él. Pero últimamente ha habido en México, en imitación de lo que ocurrió en Italia, un serio movimiento de opinión bajo el nombre de *fascismo*, con el propósito de combatir los principios y procedimientos bolchevistas que inspirados por Vasconcellos y otros desequilibrados han hallado acogida en la Legislación Mexicana, que ordena expropiar a los propietarios que poseen terrenos extensos, pagándoselos el Gobierno en papeles de deuda que no valen nada, y cediéndolos después, dizque a los pobres, pero en realidad a quienes quiera el Gobierno favorecer a costa de los propietarios despojados. En esta virtud expropiaron últimamente a un señor

Terrazas, que era el principal propietario de tierras en el Norte de México, y ahora quieren hacer lo mismo con una gran Compañía inglesa, cultivadora de algodón. Esto ha traído la consiguiente reclamación del Gobierno inglés; hay también las de Compañías americanas e inglesas, a quienes se les ha pretendido arrebatar sus derechos, por todo lo cual el Gobierno americano no ha reconocido aún al de Obregón. Este verá claro, al fin, el abismo a que conduciría a México seguir aplicando las doctrinas bolchevistas de Vasconcellos y demás charlatanes que tienen trastornado al país y quieren trastornar los demás de la América, especialmente a Venezuela, aunque allá nada lograrán, merced a la energía y discreción de Ud. Bien triste es que haya venezolanos que obcecados por la pasión hayan ido a buscar apoyo en el bolchevismo mexicano.

Soy su adicto amigo y subalterno,

Pedro M. Arcaya

13

Legación
De los Estados Unidos de Venezuela
Washington

Washington, 5 de septiembre de 1930

Señor
General
Juan Vicente Gómez
Maracay

Respetado General y amigo:

Le incluyo la traducción de una carta que recibí con la denuncia de trabajos bolchevistas en Venezuela y oferta de indicar los nombres de los agentes que están en el plan allá.

Creo que se trata de sacarnos algún dinero con esto; mas, como todo es posible, le remito dicha traducción y estoy tomando información acerca de qué clase de gente es la de la oficina denunciadora. Si usted cree que debo tomar esto en serio, ruégole cablegrafiarme con la palabra *proceda*.

Por lo demás, yo no dudo que haya muchos trabajos revolucionarios dirigidos a trastornar la paz de Venezuela. Parece que en México le están dando a Urbina una importancia que no tiene y como él es audaz, si consiguiera aunque sea unos fusiles se presentaría de nuevo en las costas venezolanas. Hay que tener en cuenta también que en el nuevo Gobierno colombiano es Ministro el Dr. Eduardo Santos, enemigo declarado nuestro; que los liberales colombianos han sido siempre adversarios de usted, en su mayoría, y que los conservadores que eran nuestros amigos aunque no muy sinceros, ahora nos serán también hostiles a causa de los sucesos ocurridos en Venezuela con la Iglesia Católica después que se encargó de la Presidencia el Dr. Pérez.

Me llama la atención el viaje del General Régulo Olivares para Colombia que me ha avisado recientemente nuestro Cónsul en Nueva York.

Su adicto amigo y servidor,

Pedro M. Arcaya

P.D. 8 de Septiembre. 1930.

En este momento recibo también de Chicago, claro de otra persona, la carta cuya traducción le adjunto. No me han venido ni el cable de Dagnino ni el aviso de Caracas a que se refiere el firmante, a quien telegrafío que si tiene algo que comunicarme, lo haga directamente a mí.

Vale,
Arcaya

14

Legación
De los Estados Unidos de Venezuela
Washington, D.C.

Washington, 10 de octubre de 1930

Señor
General
Juan Vicente Gómez
Maracay

Respetado General y amigo:

Lo saludo cordialmente con ocasión de avisarle que sale para Venezuela el señor J. M. Aristeguieta, venezolano, a quien conozco desde hace largos años. Como, por el apellido, pudiera creerse que se trata de algún hermano del difunto revolucionario Pedro Elías Aristeguieta, debo explicarle que no es así; aunque de la misma familia, este señor no ha estado por acá sino dedicado al trabajo, como Agente Comercial y en esta profesión vuelve a la Patria donde tiene, en Puerto Cabello, su señora y niño. Juzgo conveniente darle esta información a favor del señor Aristeguieta por ser de justicia.

Su adicto amigo y servidor,

Pedro M. Arcaya

15

Legación
De los Estados Unidos de Venezuela
Washington, D.C.

Washington, 24 de octubre de 1930

Señor
General
Juan Vicente Gómez
Maracay

Respetado General y amigo:

Ya le había escrito acerca del General Nogales Méndez que está aquí. Hoy publicó en un diario de esta un violento artículo contra la situación política venezolana. Mi conferencia por radio el próximo domingo será la mejor respuesta.

Tengo sospechas de que este señor anda por aquí en solicitud de armas para Sandino en Nicaragua (en lo cual creo que lo ayudan muchos centroamericanos) y para alguna revolución en Venezuela. Para comprobarlo necesito ocupar alguna agencia de detectives, pero no he sido autorizado para ningún gasto de esta especie ni provisto de fondos a tal respecto.

Su adicto amigo y servidor,

Pedro M. Arcaya

16

Legación
De los Estados Unidos de Venezuela
Washington, D.C.

Washington, 15 de febrero de 1931

Señor
General
Juan Vicente Gómez
Maracay

Respetado General y amigo:

Recibí su contestación a mi radiograma en que le exponía la conveniencia de que Venezuela adhiriera a la Convención de Ginebra que prohíbe las restricciones a la importación, como arma para combatir la que se pretende imponer aquí al petróleo venezolano, medida que acarrearía la inmediata pérdida de la renta que por este respecto percibe hoy Venezuela.

La mayoría de la Cámara de Diputados se dice que está comprometida a votar el proyecto restrictivo. Quizás arrastren también al Senado. Quedaría todavía la esperanza de que el Presidente de la República ejerza su derecho constitucional de veto y para esto le serviría, sin duda, como argumento importante la noticia de la adhesión de Venezuela a la Convención ya citada.

De todos modos, yo estoy haciendo cuanto está a mi alcance en el sentido de hacer ver en el Departamento de Estado lo perjudicial que nos resultaría la medida en cuestión, que no se armonizaría con las facilidades que por su parte ha dado Venezuela al capital americano para la explotación de nuestras riquezas naturales.

Lo saluda cordialmente
Su adicto amigo y servidor,

Pedro M. Arcaya

17

Legación
De los Estados Unidos de Venezuela
Washington, D. C.

Washington, 28 de abril de 1931

Señor
General
Juan Vicente Gómez
Maracay

Respetado General y amigo:

Con referencia a mi correspondencia anterior sobre el mismo asunto, me permito enviarle adjunta la carta original de *The New York Times* para mí, con la cual verá usted el nuevo plan de publicación sugerido por ese diario para atraer a los turistas americanos hacia los sitios de recreación alrededor de Maracay.

Como verá, el nuevo plan en referencia cuesta más barato que el anterior, pues ahora alcanza a $ 6.108,80.

Cúmpleme someter el asunto a su elevada consideración; y aguardo al respecto sus instrucciones.

Lo saluda cordialmente,

Su adicto amigo y servidor,

Pedro M. Arcaya

II. Correspondencia de José Gil Fortoul

18

Maracay, 6 de marzo de 1913

Señor
General
Juan Vicente Gómez
Presidente de la República
Caracas

Querido General:

El trabajo de los techos de la casa de La Trinidad quedará terminado el sábado. Sin esta reparación, los techos se hubieran caído el día menos pensado.

El cemento que estaban empleando en los corredores es muy malo. Ya hay orden de no continuar pavimentando los corredores hasta que no venga el cemento bueno que Ud. ha anunciado.

Yo quisiera regresar a Caracas el domingo o el lunes para preparar allí algunas cosas antes de la llegada de Flor. Esta se embarcó antier y estará en La Guaira, con el cadáver de Juanita, el 19 o 20. Me llevaré los caballos y el coche para volverlos a traer en el mes que viene.

He tomado nota de varias cosas, para darle Cuenta a Ud. al regresar a Caracas.

Lo saluda y abraza con el cariño de siempre.

Su agradecido amigo,

J. Gil Fortoul

19

Presidencia de los
Estados Unidos de Venezuela

Caracas, 15 de noviembre de 1913

Señor
General
Juan Vicente Gómez
Maracay

Querido General:

En carta de José Ignacio Cárdenas fecha 28 de octubre, que acabo de recibir, leo este párrafo:

«Actualmente la policía de Hamburgo está vigilando un proyecto de compra de 10.000 fusiles de precisión, con cuantioso parque, ametralladoras (50) y 5 baterías de cañones, y en relación con adquisición de 2 vapores de guerra, tipo, contratorpederos, de 25 nudos de andar, con destino al mar de las Antillas. No hay duda que se trata del proyecto de revolución de Baptista, Olivares, Ayala, Tellería, con El Mocho como jefe. Como no ignoran la vigilancia que hay en Alemania por parte mía, tenían las mejores precauciones para no ser descubiertos. Pero ve usted, ya yo sé el proyecto de compras, y tenemos la pista cogida y pondremos las trampas necesarias para sorprender todo. Ruégole informar al General».

José Ignacio me manda mi informe sobre pagos anteriores, con proyectos, y habla también del saladero de Barrancas. Pero como todo esto es largo, lo dejo para darle cuenta a usted cuando vaya a Maracay, que será el viernes. Entiendo que Don Juancho irá conmigo.

Por acá ninguna novedad.

Lo saluda cariñosamente su amigo,

J. Gil Fortoul

20

Señor
General
Juan Vicente Gómez
Maracay

Querido General:

Sin duda que usted irá uno de estos días a visitar la Fábrica de Papel, y verá que los trabajos marchan rápidamente. Calculamos que estarán terminados en el mes entrante.

Faltará entonces, solamente, traer la planta eléctrica de los Estados Unidos, la cual, según contrato, costará 50.000 bolívares, pagaderos en 5 cuotas mensuales. Y será preciso hacer el pedido por cable, cuanto antes. La casa contratista se compromete a dejar instalada la planta, a satisfacción de la Fábrica.

Para esto necesitamos que los accionistas cubran pronto lo que les corresponde en bonos: Galavís, Hidalgo, Anzola, Corao, etc.

Ojalá que Pimentel tomara también algunos bonos, con lo que hará un negocio bueno y seguro.

Permítame recordarle que usted tiene en sus papeles particulares el contrato para suministro de fuerza eléctrica, en los términos convenidos. Le agradeceré que dé orden para que se firme.

Permítome recordarle también que la Fábrica le vendió un terreno adyacente al Lactuario, por Bs. 4.000. Entiendo que de estos recibió el mecánico de la Fábrica Bs. 1.000, por orden de usted. De manera que están por abonar Bs. 3.000.

Banco de Venezuela. En la Asamblea de ayer convinimos, que el proyecto de nuevos Estatutos pase a una Comisión compuesta del abogado del Banco, el General Tosta García y yo, para presentar definitivamente la mejor redacción. Entre tanto, habrá Asamblea ordinaria el 22 de febrero, la cual elegirá nuevos Directores, Secretario y Abogado del Banco. Sobre todos los puntos esenciales estoy enteramente de acuerdo con Román. Tengo ya asegurada la mayoría para que salga la lista que convenga.

Con el General Matos estoy también de acuerdo para que queden absolutamente garantizados los intereses del Gobierno.

De manera que en este asunto está ya conseguido lo que nos proponíamos. Y personalmente, estoy contento de haber podido contribuir al buen resultado.

Le deseo muy agradable temporada en Maracay.

Su amigo y servidor,

J. Gil Fortoul

21

Señor
General
Juan Vicente Gómez
Maracay

Querido General:

Le mando el primer ejemplar del volumen titulado *De hoy para mañana* que circulará próximamente. Casi todo se compone de los discursos que pronuncié este año, en el Congreso, sobre el Nuevo Código Civil que entrará en vigencia el 19 de diciembre. Algunas de las reformas que yo propuse fueron aprobadas; otras no. La discusión fue absolutamente libre, gracias al sensato régimen implantado por usted.

Publico estos discursos, como publiqué los de años anteriores, no por vanidad personal, sino porque los lectores –venezolanos y extranjeros– verán que en nuestro país se discute seriamente sobre intereses nacionales.

Entre mis reformas aprobadas, las hay que contribuirán eficazmente al progreso económico. Por ejemplo, la relativa a cédulas hipotecarias. Esta ley ya empieza a dar buenos resultados.

En el recorte adjunto leerá lo que dije un día en el Senado comentando las patrióticas declaraciones de usted en la gira del Congreso.

Y si tiene tiempo ruégole que lea también el discurso sobre «Libertad de industria». A usted se debe que por fin hayamos acabado con los monopolios y los injustificados privilegios.

Actualmente estoy dando un curso de Derecho Constitucional en la Escuela de Ciencias Políticas. En una de mis próximas lecciones explicaré cómo se formuló la Constitución de 1914, respetando la autonomía de los Estados. Como en ese proceso tuve yo la suerte de ser su principal colaborador, mi estudio a este respecto tendrá alguna resonancia en la historia, para brillo del nombre de usted, que en vez de proceder arbitrariamente como otros gobernantes, prefirió siempre atenerse a la ley.

Lo saluda cariñosamente su servidor y amigo,

J. Gil Fortoul

P. S. Ya estoy mejor del accidente en una pierna, aunque todavía no puedo caminar bien. Con fecha 14 del corriente le escribí respecto de Henrique.

22

Caracas, 2 de febrero de 1917

Señor
General
Juan Vicente Gómez
Maracay

Querido General:

De acuerdo con nuestra última conversación he estado informándome sobre las fincas cerca de Caracas con buen clima y de rendimientos seguros. Hay una de café, situada en los cerros de Caricuao, parroquia de Antímano, y perteneciente a la señora viuda Rodríguez de Padrón. Por su situación, por la importancia de su cosecha y por la facilidad de aumentar el cultivo en condiciones ventajosas, esta señora aspira a un precio considerable. Habla de cincuenta mil pesos; pero yo estoy seguro de que aceptará otras condiciones moderadas, más o menos así: cien mil bolívares al contado, y el resto en anualidades garantizadas por la misma hacienda.

La cuestión para mí es disponer de cien mil bolívares, para que esa magnífica finca no pase a otras manos y no pierda yo una ocasión que no se volverá a presentar.

Usted sabe que yo soy tal vez el único de sus amigos que no tiene ni siquiera una casa para vivir. Lo recuerdo, porque si hubiera culpa en esto, toda la culpa sería mía, que acostumbrado desde niño a cierto género de vida no he podido economizar nada mis sueldos.

Tanto en el Ministerio como en la Presidencia le economicé a la Nación sumas verdaderamente cuantiosas en los varios asuntos en que debí intervenir. Con lo cual, por supuesto, no hice más que cumplir mi deber y corresponder lealmente a la confianza que merecí de usted en toda circunstancia.

Ahora, cuando ya se aproxima la vejez, aspiro a contar siquiera con un refugio en el campo, para dejar algo a mis hijos.

Estoy ya consagrado a los asuntos colombianos, y sabe usted, que nadie podrá emplear mayor esfuerzo que yo en obtener un buen resultado, que será para usted una de las más honrosas páginas de su vida pública.

Y si fuera preciso, estoy dispuesto a renunciar a toda remuneración por este largo e importante trabajo, para poder disponer ahora de esa cantidad de cien mil bolívares y realizar ese negocio único de que le hablo.

Le he dicho a la señora Rodríguez de Padrón que me espere hasta la entrante semana.

Lea esta carta, mi querido General, con el generoso cariño que me ha dispensado siempre. Nuevas protestas de adhesión y ofrecimiento de servicio no necesito hacerle, porque ya son muchos los años en que he probado que en toda eventualidad estoy lealmente al lado de usted.

Su amigo,

J. Gil Fortoul

23

Plenipotencia de Venezuela
Abogado
Teléfonos 272 y 4768

Caracas, 12 de junio de 1917

Señor
General
Juan Vicente Gómez
Maracay

Querido General:

El negocio para Henrique, que le hablé en mi carta del 26 de junio, no se realizó por no haber podido disponer a tiempo de la suma necesaria.

Pero ahora se presenta otro en mejores condiciones. El Central Caracas se está reorganizando y la fabricación de azúcar la dirigirá el Sr. Delafond, especialista en esto. Tengo una opción para comprar al Sr. Zárraga acciones por cincuenta mil bolívares, y con ellas Henrique entrará a la Junta Directiva e irá a vivir en el mismo Central para vigilarlo todo.

Ruégole, pues, que tenga la bondad de darme una contestación favorable, para estar yo así seguro de dejar aquí a mi hijo trabajando con esperanza de ganar bien su vida.

Repítole que el Central, así reorganizado, será un brillante negocio.

El General Andrade se ausentó ayer, yo quedo aquí esperándolo para el canje de las ratificaciones de la Convención con Colombia.

Lo abraza su amigo,

J. Gil Fortoul

24

Caracas, viernes, 7 de setiembre de 1917

Querido General:

Ruégole que me conceda unos minutos para hablarle de lo siguiente:

1º Verdadero estado actual del Central «Caracas».

2º Asunto colombiano: urgencia de resolver un punto diplomático.

3º Minas de carbón de Guanta.

4º Noticias sobre la situación internacional que, tal vez, no hayan llegado todavía a su conocimiento.

Pongo en manos de Capriles esta esquela.

Lo saluda cariñosamente su servidor y amigo,

J. Gil Fortoul

25

Plenipotencia de Venezuela
Para los asuntos colombianos

Caracas, 15 de setiembre de 1917

Señor
General
Juan Vicente Gómez
Maracay

Querido General:

Ayer hubo gabinete para tratar de la respuesta que ha de darse a nuestro Ministro en Bogotá sobre su erróneo propósito de gestionar allá las negociaciones de navegación y comercio.

Invitado por el Presidente Provisional, expuse verbalmente al Gabinete mi opinión, y se aprobó por unanimidad el borrador que yo había preparado y del cual remito a usted copia adjunta. Fue también opinión unánime, que tanto la cuestión de límites como la de navegación y comercio que en realidad toman una sola deben tratarse por la misma persona, es decir, por el Plenipotenciario que Venezuela designó desde diciembre del año pasado.

Si el gobierno colombiano no enviara a Caracas un Plenipotenciario especial o no diere instrucciones a un Ministro aquí, antes de mi viaje, tendría que designar después, de todos modos, un Plenipotenciario que trate conmigo en París o en Berna.

Usted recordará que esta opinión mía, expuesta ayer en Gabinete, es la misma en que convinimos usted y yo, el año pasado, cuando usted resolvió encargarme de esos asuntos. Tengo la convicción de que, si nos mantenemos en esta actitud, sin cometer ligerezas o imprudencias, saldremos bien; y será para usted la gloria de haber logrado una solución favorable a Venezuela. Dentro de dos semanas, al salir de un trabajo urgente, tendré el placer de irlo a ver y consultarle todo lo relativo a mi viaje, para que usted resuelva lo que le pareciere mejor.

Su servidor y amigo,

J. Gil Fortoul

26

Plenipotencia de Venezuela
Para los asuntos colombianos

Caracas, martes, 13 de noviembre de 1917

Señor
General
Juan Vicente Gómez
Maracay

Querido General:

Le mando las palabras que pronuncié anoche, para que lea, especialmente, el cordial y agradecido recuerdo que hice de usted.

Mi viaje no será antes del 27. Iré a Maracay a pedirle sus órdenes.

Su servidor y amigo,

J. Gil Fortoul

27

Dr. J. Gil Fortoul
Abogado
Teléfonos 272 y 4768

Caracas, 11 de enero de 1917

Señor
General
Juan Vicente Gómez
Presidente de la República

Querido General:

Me avisa la propietaria de la casa en donde vivo, que pronto tendré que desocuparla por causa de venta. Debido a la gran prosperidad de que goza el país bajo su sabia administración, será difícil conseguir para mí otra casa en las mismas condiciones. Yo soy quizás el único de sus viejos amigos que carece todavía de un techo propio, y como usted sabe que no quiero ausentarme más para vivir en el extranjero, me colmaría Ud. de felicidad facilitándome en cualquier forma, los medios para comprar esa casa. Ud., como amigo generoso siempre me ha ayudado, y no debo vacilar hoy en escribirle esta carta.

Su afectísimo servidor y amigo de siempre,

J. Gil Fortoul

28

Plenipotencia de Venezuela
Para los asuntos colombianos

Caracas, 10 de octubre de 1917

Querido General:

Ya es tiempo de que yo prepare mi viaje, y deseo aprovechar su actual estada en Caracas para hablar con usted de varios asuntos y pedir sus órdenes.

Adjunto encontrará un Memorándum sobre la representación diplomática. Otras cosas a este respecto —que no son para carta— se las diré a viva voz.

Deseo también hablar con usted sobre los asuntos siguientes:

Minas de Guanta y derechos de la sucesión de José Gregorio Monagas; documentación que tal vez no conoce usted todavía;

Proyecto Peralta sobre Compañía venezolana de petróleo;

Otro asunto de petróleo que tengo pendiente en la Corte Federal;

Fábrica de Papel;

Asunto Barrancas.

Lo abraza su servidor y amigo,

J. Gil Fortoul

29

Telegrammes: Palaiorsay
Telephone
Province inter litre 4
R. C. Seine 27.162

París, 12 de octubre de 1927

Señor
General
Juan Vicente Gómez
Presidente de la República

Querido General:

De esta tarde a mañana debo firmar el contrato sobre reservas de petróleo que dejé en manos del Ministro de Fomento, y a este se lo participé por cable para que le dé cuenta a usted en seguida.

Como le dije en mis anteriores, la firma se ha retardado hasta ponerse de acuerdo los diversos grupos de capitalistas en cuanto a la suscripción de cada uno.

En cuanto a las bases del contrato, no ha habido ninguna modificación.

Me he ocupado también en asegurar colaboración de capitales para transformar nuestra «Compañía de Minas de Guayana» en «Compañía Venezolana de explotaciones agrícolas, industriales y mineras». Así se podían desarrollar muchas empresas y obras útiles en toda la República, sin exponernos nunca a caer en manos de monopolios extranjeros.

Me embarcaré el 10 de noviembre en el vapor francés «Flandre» que llegará a La Guaira el 25. Si por cualquier circunstancia no lo pudiere hacer, se lo participaré a usted por cable y saldré sin falta en el vapor siguiente.

Complázcome en repetirle que el crédito de Venezuela, bajo la sensata y progresista administración de usted, es cada vez más sólido en el exterior.

Flor y Henrique le envían sus cariñosos saludos.

Su afectísimo servidor y amigo,

J. Gil Fortoul

30

Hotel Palais D'Orsay
7 & 9 Quai D'Orsay
París

Telegrammes: Palaiorsay
Telephone Province inter litre 4
R. C. Seine 27.162

París, 16 de octubre de 1927

Señor
General
Juan Vicente Gómez
Presidente de la República

Querido General:

Por cable le participé la firma del contrato sobre reservas de petróleo, conforme al texto que dejé en el Ministerio de Fomento.

De acuerdo con lo convenido, la Compañía Venezolana y el Ministerio traspasarán en estos días a mi nombre las reservas que figuran en las listas respectivas, y en seguida yo las traspasaré a la Compañía Explotadora, para que esta empiece a trabajar cuanto antes.

Los grupos capitalistas de los Estados Unidos, Inglaterra y Francia son de primer orden en el mundo financiero, y cuando el público conozca los detalles del asunto, verá que ningún otro país ha realizado hasta ahora un negocio de petróleo más ventajoso. Le felicito a usted cordialmente, porque usted, desde hace más de un año, tuvo confianza en el éxito.

Me embarcaré el 10 de noviembre en el vapor francés «Flandre» y estaré en Caracas el 25 o el 26.

Como los Directores principales de la Compañía Explotadora serán, unos americanos, otros ingleses y otros franceses, me parece conveniente tomar desde ahora una precaución para vigilar de cerca los intereses de usted y del Gobierno.

Con este fin me permito proponerle que nombre a Henrique «Agente del Gobierno para los asuntos de Hidrocarburos en los Estados Unidos, Inglaterra y Francia» con el título o carácter de Consejero Económico de Legación, y sueldo mensual de 3.000 bolívares, que es indispensable para vivir con familia y tener cierta representación.

Las Legaciones tienen Consejeros Diplomáticos; pero esto no es inconveniente para que haya también un Consejero Económico en tres países, *con el objeto especial indicado*. Este nombramiento depende de los Ministerios de Fomento y Relaciones Exteriores.

Al llegar allá le daré también cuenta de otros proyectos interesantes para el desarrollo rápido de nuestra riqueza nacional.

Su afectísimo servidor y amigo de siempre,

J. Gil Fortoul

31

Splendid &Nouvel Hotels
Chatel - Guyon
(Puy-de-Dôme)

Puy-de-Dôme, 4 de agosto de 1928

Señor
General
Juan Vicente Gómez
Presidente de la República

Querido General:

Le escribí de París. Continúo aquí en mi cura de aguas.

Voy a hablarle hoy de un asunto de grande importancia. En meses pasados le di un memorándum al Dr. Álamo sobre el 10% de la producción de petróleo que recibe el Gobierno, y el Dr. Álamo me informó que usted no había decidido aún nada a ese respecto.

Según mis datos, el Gobierno puede recibir muchos más millones que hoy, si llegamos a una combinación aceptable y ventajosa tanto para el Gobierno como para los capitalistas, que intervengan en el negocio –quedando también un margen muy considerable para las personas que usted designe.

Cuento con esos capitalistas, de reputación universal, y le ruego a usted que aplace su decisión definitiva hasta mi regreso a Caracas. Me embarcaré en octubre.

Le llevaré también otros proyectos de utilidad nacional.

Su afectísimo servidor y agradecido amigo,

J. Gil Fortoul

32

Dr. J. Gil Fortoul
Abogado
Teléfonos 5572 y 5768

Caracas, 5 de marzo de 1930

Señor
General
Juan Vicente Gómez
Comandante en Jefe del
Ejército Nacional
Maracay

Querido General:

En virtud del contrato firmado por mí en París para formar una Compañía Explotadora de concesiones de petróleo, contrato aprobado por el Ministro de Fomento en lo relativo a un número de Reservas Nacionales, se estipuló que las concesiones que estaban en poder de la Compañía Venezolana de Petróleo debían estar libres de impuestos en la fecha del traspaso. El traspaso se hizo y se registró con todas las formalidades legales y la necesaria aprobación del Ministro de Fomento; pero después resultó que la Compañía Venezolana de Petróleo no había pagado los impuestos. Lo que viene retardando desde entonces la explotación de las concesiones, con perjuicio de la Compañía Explotadora y con perjuicio también de la renta nacional.

En diferentes ocasiones he insistido repetidas veces con el señor Roberto Ramírez para que la Compañía a su cargo cumpla con ese requisito indispensable de la Ley. Hasta hoy no he logrado nada, y actualmente el Ministro de Fomento está cobrando todos los impuestos que debe la Compañía Venezolana de Petróleo sobre las concesiones traspasadas. La compañía explotadora alega con razón que ella no puede ser responsable de una deuda que le corresponde a la Compañía Venezolana de Petróleo.

Hace más de un año que vengo advirtiendo que para zanjar esta dificultad no hay más que dos caminos, a saber: o bien el Ministro de Fomento entrega liquidadas, por una operación de tesorería, las planillas de los impuestos debidos por la Compañía Venezolana de Petróleo; o bien esta Compañía, representada por su Administrador Roberto Ramírez, debe pagar cuanto antes los impuestos que ella decía haber pagado en su debido tiempo, lo que desgraciadamente resultó inexacto. El Ministerio de Fomento cobra a la Compañía Explotadora los impuestos de aquellas concesiones; pero como quien debe esos impuestos es la Compañía Venezolana de Petróleo, representada por su Administrador Roberto Ramírez, esta será al fin obligada a pagar lo que debe.

Como usted y yo somos los más interesados en que este asunto se solucione bien, vuelvo a escribirle repitiendo las dos últimas fórmulas que se me ocurren.

Quedo a sus órdenes para darle todos los demás informes y detalles que usted crea necesario conocer.

Su afectísimo amigo y servidor,

J. Gil Fortoul

33

J. Gil Fortoul
Teléfono 5572

Señor
General
Juan Vicente Gómez
Comandante en Jefe del
Ejército Nacional
Maracay

Querido General:

Tenga la bondad de leer el adjunto Memorándum que contiene un proyecto digno de la transformación progresista que usted inició y viene realizando.

Según mi invariable costumbre, me dirijo a usted antes de hablar con ningún miembro del Gobierno.

Si usted encontrare interesante y útil mi proyecto, lo discutiré en todos sus detalles con el Presidente y los Ministros, y además con la persona que usted quiera designar al efecto.

Soy como siempre su agradecido amigo y servidor,

J. Gil Fortoul

III. Correspondencia de Laureano Vallenilla Lanz

34

Señor
General
Juan Vicente Gómez
Miraflores

Caracas, 6 de junio de 1912

Mi General y respetado amigo:

Por un sentimiento de puro respeto hacia Ud. me había abstenido durante dos largos años, de hacer un juicio crítico sobre el libro de que es autor el señor Francisco González Guinán. Ocupaba este señor un alto puesto al lado de Ud. y no era natural que los amigos del Gobierno fuésemos a ponerle a Ud. en la disyuntiva de aparecer aplaudiendo o condenando una obra que de ningún modo afectaba la responsabilidad del Presidente de la República, ya que Ud. no ha hecho sino proteger generosamente a un escritor venezolano, cuya reputación –falsa o verdadera– era conocida por todo el país desde hacía largos años.

El noble gesto de Ud. libertando a la Patria y al Gobierno de maléficas influencias, me ha libertado también a mí de la tortura a que estaba sometido, viendo cómo la falacia del señor González Guinán pasaba los límites de la política para invadir hasta la literatura y abusaba de su posición y de la confianza con que Ud. le honraba para defraudar el Tesoro Público llenando los volúmenes de su pretensa Historia con documentos tomados de la colección de la *Gaceta Oficial*, de los Diarios de Debates, de las Memorias de los Ministerios y de las colecciones de periódicos existentes en la Academia Nacional de la Historia y en la Biblioteca Nacional, que ninguna necesidad tiene el Gobierno de recopilar en forma tan onerosa, ya que todas esas fuentes de información histórica se hallan a la disposición del público en esos Institutos sostenidos por el Gobierno. Yo puedo comprobar ante una junta de expertos, que lo que constituye la obra del señor González Guinán, es decir: lo que él ha producido, puede reducirse a dos de los diez volúmenes publicados. De modo que los ocho restantes representan un verdadero fraude.

Voy, pues, a comenzar la tarea de desengañar al Gobierno y al público respecto del valor intelectual y moral de ese libro, convencido de que cumplo un deber de conciencia, como amigo del Gobierno, como partidario de Ud., como Miembro de las Academias de la Historia en Venezuela y en España, y como patriota, en fin, pues no me deja punto de reposo el pensamiento de que en Colombia y en las otras Repúblicas Iberoamericanas llegue a creerse que los venezolanos consideramos el libro del señor González Guinán como una obra maestra; lo cual sospecharían con razón, si después de haber descendido ese señor a la condición de simple ciudadano continuáramos los hombres de letras guardando silencio.

Tengo, además, la satisfacción de creer, que mis juicios sobre ese libro serán leídos por Venezuela entera con alegría, ya que hemos visto el aplauso unánime con que ha sido celebrada su caída y la gratitud que a Ud. se le tiene por haberse descartado de un hombre, que en el ocaso de la vida, no cuenta ni con el afecto de un solo amigo ni con el aprecio social de la tierra en que nació.

Usted me acogió noble y generosamente a mi llegada de Europa, hace dos años; durante ese lapso de tiempo, yo no he hecho sino esperar tranquila y resignadamente esta oportunidad, en que con el más vivo placer y lleno de patrióticas esperanzas, puedo ratificar a Ud. con mis sinceros sentimientos de respetuosa amistad, mis votos por el éxito feliz de sus elevados propósitos.

Su adicto y leal amigo,

Laureano Vallenilla Lanz

35

Caracas, 31 de octubre de 1912

Señor
General
Juan Vicente Gómez
Miraflores

Mi general y respetado amigo:

Por iniciativa del Ministro de Instrucción Pública he comenzado a escribir un texto de historia de Venezuela, de acuerdo con los modernos métodos pedagógicos y conforme al programa del Consejo Superior de Instrucción. Yo me siento bien preparado para este trabajo, que es de urgente necesidad nacional, si se atiende a que los textos de historia que existen actualmente no obedecen a ningún plan científico que haga nacer en el alma del niño el culto consciente de la Patria. Pero como el trabajo es arduo y muy escasos los medios de vida de que dispongo, me he tomado, la libertad de dirigir a Ud. estas líneas exigiéndole se sirva acordarme una subvención de mil bolívares mensuales, que me permita trabajar con mayor asiduidad hasta dar fin a la obra, que estará bajo la inspección inmediata del Ministerio.

No tendrá Ud. que ordenar ninguna nueva erogación, pues esa suma puede salir, sin perjuicio de lo acordado ya, en el presupuesto escolar, para material de enseñanza, que va depositándose quincenalmente en el Ministerio, y que en el caso presente no se distraería del fin a que está destinado.

Confío en la honrosísima estimación que Ud. nos profesa y que de modo tan irrevocable nos une a su persona, para esperar una favorable solución.

Con mis más sinceros votos por la felicidad de Ud. tengo el honor de suscribirme una vez más, su servidor y agradecido amigo.

Laureano Vallenilla Lanz

36

Caracas, 19 de abril de 1916

Señor
General
Juan Vicente Gómez
Macuto

Mi respetado General:

Efectuada mi elección para la Presidencia del Senado, quiero dejar consignada en estas líneas, la expresión de mi gratitud, tanto más sentida en esta nueva ocasión, cuando que yo veo en esta distinción de Ud. el nobilísimo y delicado sentimiento que la inspira, procurando atenuar, con las satisfacciones que producen estos honores, los rudos golpes de la fatalidad. Nada más grande y más noble que el Poder, cuando se ejerce, como Ud. lo hace, con estos elevados sentimientos de protección moral que atan a los hombres para toda la vida.

Su servidor y leal amigo,

L. Vallenilla Lanz

37

Caracas, 16 de mayo de 1916

Señor
General
Juan Vicente Gómez

Mi General:

Ayer terminé mis funciones como Presidente del Congreso.

No aspiro sino a que Ud. haya quedado satisfecho; y que la discreción con que he procedido me eleve un punto más en su estimación y en su cariño.

Su leal servidor y agradecido amigo,

L. Vallenilla Lanz

38

Señor
General
Juan Vicente Gómez
Maracay

Mi respetado General:

Por primera vez me dirijo a usted haciéndole una exigencia para *El Nuevo Diario*.

El alza del papel en los Estados Unidos y las dificultades del transporte, que nos obligó ahora días a disminuir el formato del periódico, me decidió a hacer un pedido Extraordinario de papel en número de 44 rollos, para no verme en los mismos apuros, pues las causas que producen esa anormalidad, lejos de desaparecer se agravan cada día más. El pedido está ya en La Guaira, y resulta que la casa embarcadora ha girado a la vista, contra todas mis previsiones; y el valor de la factura alcanza a Bs. 12.000 (Doce mil bolívares). Yo solo aspiro a obtener esa suma del Banco de Venezuela en calidad de préstamo, con una orden o fianza del Ministerio de Hacienda, para amortizarla en varias mensualidades.

Yo pido a usted mil perdones por esta exigencia a que me obligan únicamente las fortuitas circunstancias apuntadas, ya que mi deseo sería no molestar su atención con estas pequeñeces.

Muy respetuosamente me repito de usted su servidor y adicto amigo,

L. Vallenilla Lanz

39

Caracas, 21 de noviembre de 1916

Señor
General
Juan Vicente Gómez
Maracay

Mi respetado General:

Ayer, después de haberle dirigido mi telegrama, recibí otros canjes de la prensa de Bogotá, en los cuales leo algunos conceptos que me parecen indiscretos, respecto a las negociaciones con Venezuela. Como la actitud de nuestro Gobierno y de la prensa, inspirados en la calma y en el delicado tacto que usted ha sabido imprimir a nuestra política, ha sido hasta ahora de suma prudencia, he considerado que lo mejor será esperar el desenvolvimiento del proceso y sus resultados finales. Por esa causa me abstengo de hacer las inserciones de que tuve el honor de hablarle.

Lo saluda respetuosamente, su servidor y leal amigo,

L. Vallenilla Lanz

40

Caracas, 5 de enero de 1917

Señor
General
Juan Vicente Gómez
Maracay

Mi respetado General:

Como supongo que no se reciben en su Secretaría todos los periódicos de Colombia, me permito dirigirle estas líneas para trasmitirle las impresiones que me han producido las últimas noticias que traen los diarios de Bogotá.

Después que los Obispos, presididos por el Internuncio, se reunieron para imponer la candidatura del Doctor Marco Fidel Suárez a la Presidencia de la República, se ha desatado la vieja lucha religiosa entre conservadores y liberales con tal exageración, que los curas proclaman desde el púlpito el exterminio de los liberales y estos se preparan a defenderse. Lo que ellos llaman prensa libre, no les sirve sino para avivar las pasiones y de todo se deduce que el período eleccionario será el comienzo de una nueva guerra civil, que en la actual crisis universal será la más funesta para la integridad de aquella República, pues el Cauca, que quiere separarse, podrá realizar impunemente su criminal propósito. Los telegramas que publica la prensa bogotana dirigidos a todos los departamentos indican que el incendio está por todas partes. Cuánta falta les está haciendo a los colombianos un brazo fuerte, un espíritu recto y patriota que se eleve por sobre todas esas pasiones de religión y de partido, para imponer la paz, como el bien supremo de estos pueblos, donde la política de los hechos debe estar siempre por sobre la vocinglería de los que especulan azuzando las pasiones de los pobres pueblos que necesitan antes que todo de trabajar y de vivir, antes que de leer artículos insultantes y escuchar discursos incendiarios.

Lástima que no se pueda, por la prudencia que Ud. nos ha enseñado a guardar en todos estos asuntos, mostrarle a los pesimistas de aquí que viven haciendo comparaciones entre Venezuela y Colombia, por ignorancia, cuál es el estado interior de aquel país, para que así vean más gráficamente todo lo que la Patria le debe a Ud. no solo en lo material, sino en lo que vale aún más, la extinción de los odios de partido y la unificación de nuestros ideales en el solo sentimiento de la Patria.

Por lo demás, descartando todo sentimentalismo, ya que ellos son los culpables de su actual situación, a mí me parece que en las actuales circunstancias lo que está sucediendo allá es lo más conveniente a nuestros intereses nacionales.

Soy como siempre su adicto servidor y muy agradecido amigo,

L. Vallenilla Lanz

41

Caracas, 12 de setiembre de 1917

Señor
General
Juan Vicente Gómez
Maracay

Mi respetado General:

En los últimos periódicos recibidos de Colombia, me encuentro con el mensaje que al Congreso de la República presentó el Doctor Concha. Allí se ve la difícil situación económica que atraviesa el Gobierno y aunque no habla sobre las consecuencias de esa crisis, es fácil deducirlas en las actuales circunstancias, en que más necesitan nuestros países de su completa independencia por el cumplimiento estricto de sus obligaciones con las grandes potencias. No pudiendo atender al pago de la deuda se corre el peligro de que los acreedores exijan en compensación ciertas concesiones que harán imposible el mantenimiento de la neutralidad. Este es un punto importantísimo para demostrar que con la previsión de Ud. manteniendo el crédito, atendiendo a nuestros compromisos y reservando una suma enorme para responder a cualquier eventualidad, puede Venezuela conservar su actitud independiente y juiciosa, esperando tranquila el desarrollo de los acontecimientos. Para darse cuenta de lo que representa para el porvenir de la Patria esa sabia previsión de Ud. basta pensar un momento en que Venezuela estuviera atravesando la misma situación que Colombia según el testimonio del propio Presidente de aquella República. Como hay cosas que en la actualidad y menos en un periódico no es prudente decirlas, yo tomo nota de todos estos puntos para su oportunidad, pues es con hechos así, indiscutibles, como se cimenta la reputación y la gloria de un hombre de Estado.

Si a Ud. le parece bien pudiera publicarse sin ningún comentario el Mensaje del Doctor Concha que está publicado en *El Nuevo Tiempo* que es periódico del Gobierno, a fin de que nuestro público haga por propia cuenta sus deducciones. Esto lo someto al elevado criterio de Ud. y con todo mi respeto y mi gratitud soy de usted.

Su leal servidor y amigo,

L. Vallenilla Lanz

42

Señor
General
Juan Vicente Gómez
Maracay

Mi respetado General:

Acompaño a la presente dos recortes del *New York Herald* que juzgo interesante que usted conozca y que han causado sensación en la prensa mundial. Se ha hablado mucho; antes de ahora, del *ultimátum* del Presidente Roosevelt, pero es por su propia declaración como se han venido a saber hoy los detalles.

Los alemanes, como Ud. verá por el otro recorte, tiran al agua a Mr. Roosevelt haciéndolo aparecer como enemigo de la integridad del Brasil y en flagrante violación de la doctrina Monroe que no permite ocupación de territorio en América, por ninguna potencia europea.

Con mis respetuosos saludos soy siempre de Ud. su leal amigo y servidor.

L. Vallenilla Lanz

43

Señor
General
Juan Vicente Gómez
Maracay

Tengo el honor de llevar a conocimiento de usted que con el concurso de valiosas personalidades se ha instalado la Junta Directiva encargada de gestionar los medios para la erección de un monumento simbólico al Libertador en la ciudad de Panamá.

En el mismo instante de la instalación, y de manera aclamatoria fue electo usted, señor General, Presidente Honorario de la Junta, en homenaje a sus grandes virtudes y a los continuos esfuerzos de usted por mantener en toda su tradicional pureza aquellos principios de armonía internacional que fueron inspiración del Libertador en el Congreso de Panamá instalado en 1826.

La Junta Directiva que presido se considera muy honrada al contar en su Presidencia de Honor al eminente Estadista que tan cumplidamente ha interpretado los ideales de nuestros libertadores, merced a su acendrado patriotismo y a sus grandes dotes de Magistrado; y se regocija con el pensamiento de que tal designación le sea a usted satisfactoria.

Dios guarde a usted muchos años.

L. Vallenilla Lanz
Presidente de la Junta Directiva

44

Caracas, 11 de mayo de 1920

Señor
General
Juan Vicente Gómez
Maracay

Mi respetado General:

Hoy he recibido por el órgano del Ministro de Relaciones Exteriores una comunicación del señor Ministro de Francia en la que me participa que el Presidente de aquella Nación ha tenido a bien concederme la condecoración de Oficial de la Legión de Honor; y no quiero darle publicidad a esa honorífica distinción ni pedir al Senado el permiso correspondiente, sin participarlo antes a usted, mi Jefe, mi protector y mi amigo, a quien la debo en primer término, porque es usted quien me ha abierto generosamente el campo donde me ha sido dado poner de manifiesto mis modestas aptitudes. Yo veo también en esa distinción del Gobierno francés una sanción a la actitud dignísima, que gracias a sus inspiraciones, asumieron sus amigos durante la guerra, y de la cual fue un exponente *El Nuevo Diario*, sosteniendo a toda hora aquella neutralidad benévola, que nos permitió mantenernos en cordiales relaciones con las naciones beligerantes.

Al mismo tiempo que hago a usted esta participación, que bien sé habrá de satisfacerle, por tratarse de un leal servidor de usted, le envío la carta autógrafa que sobre mi libro me dirigió el Senador von Prollius, ex Ministro de Alemania.

Muy respetuosamente me suscribo una vez más su leal amigo y servidor.

L. Vallenilla Lanz

45

Señor
General
Juan Vicente Gómez

Mi respetado General:

Vengo a darle las más expresivas gracias por la orden, que a nombre de Ud. puso en mis manos el señor Dr. Urdaneta Maya, y la cual aprecio como una demostración más de su cariño y deferencia, hacia quien como yo se honra en llamarse su muy leal e invariable amigo y respetuoso servidor.

L. Vallenilla Lanz

46

Caracas, 5 de enero de 1925

Señor
General
Juan Vicente Gómez
Maracay

Mi respetado General:

Vengo a darle las gracias por la solución que se sirvió Ud. darle al asunto del señor Zulueta.

Antes del Centenario yo había pensado que pudiera hacerse un número de propaganda de *El Nuevo Diario*, pero después de los dos magníficos álbumes conmemorativos publicados por disposición de Ud. me pareció innecesario y así lo dije al Dr. Itriago. Usted, como siempre, ordenó lo más acertado y lo más justo, y yo se lo agradezco, pues Zulueta, además es amigo y admirador de Ud.

Su adicto y respetuoso servidor,

L. Vallenilla Lanz

47

Caracas, 8 de abril de 1927

Señor
General
Juan Vicente Gómez
Maracay

Mi venerado Jefe y noble amigo:

La tarjeta de Ud. me ha conmovido profundamente. Sus conceptos contienen la más elevada y noble demostración del aprecio y de la amistad con que Ud. me honra. Usted me trata, no ya como un buen servidor sino como a un miembro de su familia. Para un hombre de mis sentimientos esta prueba elocuente de su cariño es la mayor y más preciada recompensa que Ud. pueda dar a mi lealtad inquebrantable y a la consagración con que me he dedicado a servirle con toda la fuerza de mis convicciones y con toda la fe que siempre me ha inspirado su noble carácter y su gran corazón.

Acojo desde luego sus indicaciones con el más profundo respeto y con todo el noble cariño que las inspira y me permito suplicarle me haga el favor de recibirme por algunos minutos para lo cual tengo el propósito de ir a esa ciudad.

Soy su muy leal servidor y agradecido amigo,

L. Vallenilla Lanz

48

Caracas, 30 de mayo de 1927

Señor
General
Juan Vicente Gómez
Maracay

Mi venerado jefe y amigo:

Este leal servidor de Ud. que durante tantos años se ha consagrado a ser su vocero decidido y resuelto, se encuentra hoy muy enfermo.

Otras veces me he sentido tan mal como ahora, pero eran días de lucha y de labor y yo me habría muerto, impasible en mi puesto; así me lo imponían mi deber, mi admiración y mi cariño por Ud. Pero ahora que Ud. ha despejado definitivamente el horizonte, ahora cuando por primera vez en nuestra historia se ha logrado por la acción formidable de Ud. fundar un Gobierno sin adversarios posibles y los que ayer lo fueron, han venido a sancionar la obra de Ud. con su presencia y con su acatamiento; ahora cuando todo respira paz, tranquilidad y bienandanza yo vengo a exigirle que me permita ir por cuatro o seis meses a un sanatorio de Alemania en busca de la salud perdida.

Esto me lo han aconsejado los médicos, entre ellos el Doctor López Rodríguez, quien cree que el solo viaje me hará bien para matar los parásitos que originan mi malestar.

Lo que le ruego mi respetado General es que pueda dejar el periódico tal como está hoy, al compañero Fernández García, tan competente como leal amigo de Ud. y que es como si fuese yo mismo, a fin de irme tranquilo contando con los recursos que él pueda enviarme. Lo demás lo dejo a la generosidad de Ud. pues en el estado de ánimo en que me encuentro por mi enfermedad no podría irme sin mi familia.

De más está decirle que solo el deseo de curarme para continuar siéndole útil, me induce a alejarme de la Patria.

No me gusta el extranjero. Tenía veinte y tres años menos cuando fui a Europa y allá hice durante cinco años de estudiante; aproveché el tiempo en nutrir mi cerebro; ahora ya viejo y enfermo no voy sino a curarme y no iría si no me aseguraran que allá, en poco tiempo recuperaría la salud, según la opinión de los que saben de estas enseñanzas [*sic*] tropicales.

Si Ud. no me ordena otra cosa yo podría irme en el próximo mes de mayo para aprovechar el verano y regresarme antes de que comience el frío.

Ya el General José Vicente y el Doctor Centeno me dijeron que Ud. encontraba acertado mi viaje, y esto me satisface plenamente, pues yo no quería irme sino con la superior anuencia y buena voluntad de mi respetado Jefe y noble protector.

Su leal servidor y amigo,

L. Vallenilla Lanz

49

Baden-Baden, 20 de agosto de 1927

Señor
General
Juan Vicente Gómez
Caracas

Mi venerado General:

Cuando salí de Caracas ya tenía conocimiento de que el Doctor Diógenes Escalante me reclamaba una gran suma de dinero como propietario de *El Nuevo Diario*, pero ni siquiera quise molestar la atención de Ud. hablándole de este asunto, y me vine tranquilo y bien convencido de que en caso de insistir el Doctor Escalante en su reclamación, Ud., con su elevado espíritu de equidad y de justicia, lo resolvería en favor mío. A mí siempre me ha salvado y me salvará la fe absoluta e inquebrantable que tengo en Ud. Yo no he dudado jamás de la elevación de su criterio y de la bondad de su corazón. A los amigos que me aconsejaban hablar con Ud., antes de venirme, les contestaba que yo no tenía necesidad de molestarle porque la decisión de Ud. sería siempre la justa, y a ese respecto estaba absolutamente tranquilo.

Ahora, al participarme Fernández García y el Doctor Gustavo Herrera, que por la noble intervención de Ud., el asunto había quedado definitivamente arreglado a mi favor, no me ha sorprendido. Si usted ha sido siempre justo y generoso hasta con sus adversarios, ¿cómo no había de serlo con sus buenos servidores, que como yo no cuentan sino con la protección de Ud. y no tienen otro camino que el que Ud. les ha trazado?

Yo no tengo, mi General, con qué pagar a Ud. todas sus bondades sino ratificándole una vez más la lealtad y la decisión con que desde hace tantos años me he consagrado a servirle sin un solo momento de vacilación ni de dudas.

Yo sigo mejorando. Estuve recluido en el Sanatorio durante dos meses y luego me mandó aquí el Profesor a hacer una cura termal. Por ahora solo pienso ir de aquí a Suiza a dejar a mi hijo Laureano en un colegio por dos años, para que aprenda idiomas. A su edad, en tan corto tiempo y siendo hijo mío no se extranjerizará, pues todos los días le digo que es la mayor calamidad que puede ocurrir a un hombre en la vida, el no tener Patria.

Permítame felicitarle por su respuesta a los comisionados del Congreso. Si como dicen «la buena literatura es la expresión de la buena política», ese documento lleno de elocuencia, escrito con la difícil sencillez que solo se alcanza cuando se tienen ideas claras y sinceridad de sentimientos y cuando se dice la verdad pura y simple, es la revelación de la política sana, fuerte y honrada implantada por Ud. y tan hondamente arraigada en el corazón del pueblo venezolano. Yo estoy verdaderamente entusiasmado con ese documento que en mi opinión es la más brillante síntesis de sus sentimientos y de sus ideales de patriota y magistrado. Puedo afirmarle, que pocas veces, por no decir nunca, se ha escrito en Venezuela, emanado del Jefe del Gobierno, un documento semejante; aunque también es cierto, que nunca hubo magistrado que como Ud. tuviera la autoridad moral necesaria para hablar a sus conciudadanos el lenguaje de la verdad y del bien. Antes por el contrario, nuestros gobernantes tenían que cubrir con gárrula palabrería y míseras flores de retórica la esterilidad de su acción, la pobreza de sus intenciones y la poca fe en las virtudes de nuestro pueblo. Guzmán Blanco, que fue el fundador de la pedantocracia, con su estilo empenechado, a los veinte años de poder nos llamó «indios de Caroní y de la Goajira». Y el General Cipriano Castro, después de habernos lanzado en las más locas aventuras internas y externas, dijo más de una vez que Venezuela era un presidio y un manicomio. ¿Cómo iban a poder hablar el mismo lenguaje de Ud.

que ha sabido hallar en el pueblo mismo, sabiamente dirigido, los elementos de su propia rehabilitación, conduciéndolo por senderos que nadie había ni siquiera sospechado? Con *indios, salvajes, criminales y locos*, no se llega a convertir un país como el nuestro en el más ordenado, el más laborioso, el más pacífico y el más cuerdo del mundo entero. Y esta es la obra prodigiosa realizada por Ud.: despertar en nuestros pueblos la conciencia de su propio valer, la fe en sus propias fuerzas morales. Todos los demás no hicieron sino sembrar en los venezolanos la desesperanza y la triste convicción de que nada podíamos esperar de nosotros mismos llegando hasta creerse que solo el extranjero podía salvarnos de la miseria y de la barbarie, echándonos la culpa y la responsabilidad de sus propias incapacidades para gobernarnos. Cuando yo digo que Ud. es el único hombre que ha sabido gobernar a Venezuela, me adelanto al juicio de la posteridad. No es mi fanatismo partidario, ni mi afecto personal, sino la convicción nacida del estudio de nuestro pasado, lo que me dicta este concepto que yo proclamo por todas partes. Así acabo de decirlo a un periódico de Berlín que me pidió una entrevista.

Con mis votos por que Dios le conserve la salud que es cuanto por ahora necesitamos todos los venezolanos,

Me repito su leal servidor y agradecido amigo,

L. Vallenilla Lanz

50

Señor
General
Juan Vicente Gómez
Maracay

Mi venerado General:

Lo malo del tiempo y mi resfriado que traigo desde abordo, me han privado hasta ahora del placer de irle a estrechar la mano y darle personalmente las gracias por todas sus bondades para conmigo.

De los quebrantos de salud que me obligaron a ir a Europa vengo bien y con más fuerzas para continuar prestándole a Ud. mis más modestos servicios, con la misma lealtad, decisión y energías de siempre, y hoy más que nunca convencido, de que es Ud. por imposición ineludible de la Presidencia, «el hombre necesario para el presente y el porvenir de Venezuela».

Dios lo conserve con la misma salud y con el mismo deseo de continuar su obra, que ese es el anhelo de todos los hombres de buena voluntad, de todos los venezolanos que viven tranquilos y felices al amparo de la paz y de la prosperidad creados y sostenidos por la única fuerza de su voluntad y de su cerebro.

Mientras tengo el honor de presentarle personalmente mis respetos me es muy grato hacerme repetir.

Su leal servidor y muy agradecido amigo,

L. Vallenilla Lanz

51

Caracas, 24 de enero de 1928

Señor
General
Juan Vicente Gómez
Maracay

Muy respetado Jefe y amigo:

En meses pasados murió en París Marius André, eminente escritor francés que consagró al estudio de la América y particularmente de Bolívar y Venezuela: una gran parte de su ilustración y su talento. Él es el autor de *Bolívar y la democracia*, libro cuya publicación circuló con motivo del Centenario de Ayacucho. Admirador suyo y de sus eminentes dotes de gobernante, escribió también antes de morir sus *Conversaciones con el general Mangin*, en las que hace plena justicia, con frases sinceras y entusiastas, a la obra formidable que usted ha realizado entre nosotros. Su palabra gozaba de una gran autoridad en los círculos intelectuales y políticos de Francia.

Marius André murió en extrema pobreza y dejó una larga familia. Sus amigos de París han iniciado una suscripción para ayudar a su viuda y a sus hijos, y como es natural, han excitado a sus admiradores de la América a contribuir a este acto de piedad y de justicia. *El Nuevo Diario* piensa recoger esta iniciativa en Venezuela, y espera, si usted lo tiene a bien, que su nombre sea el primero que aparezca en la lista respectiva, no solo como el Mandatario de la patria del Libertador, sino como un constante protector de las artes y las letras. Como se trata de una suscripción de caridad, respetando su superior parecer, creo que convendría una suma no mayor de dos mil bolívares, para no dejar al margen a las demás personas que quieren ayudarlo.

Lo saluda respetuosamente su adicto y agradecido amigo y servidor,

Laureano Vallenilla Lanz

52

Sociedad Bolivariana
Presidencia

Caracas, 15 de febrero de 1930

Señor
General
Juan Vicente Gómez
Maracay

Mi muy respetado General:

Cuando se instaló solemnemente, la Sociedad Bolivariana, en el Panteón Nacional, ante la tumba de Bolívar, fue Ud. nombrado Presidente Honorario de ella. La Junta Directiva quedó constituida así: Presidente, L. Vallenilla Lanz. Primer Vicepresidente, Doctor José Santiago Rodríguez. Segundo Vicepresidente, Monseñor R. Lovera. Secretario, Doctor Juan Vicente Camacho. Subsecretario, Br. J. A. Cova, Tesorero, Inocente Palacios Hernández.

La Sociedad Bolivariana tiene la honra de dirigirse a Ud., manifestándole respetuosamente que el Archivo de El Libertador ya está organizado para ser publicado y como lo adquirió la Nación, siendo Ud. Presidente de la República, es justo que su nombre vaya asociado a la publicación de dicho Archivo, como uno de los números más trascendentales de los del programa con que la Patria conmemorará el próximo centenario de la muerte de El Libertador.

Si Ud. juzga conveniente dicha publicación, el Ministerio de Relaciones Interiores podría ordenarla bajo la exclusiva dirección de la Sociedad Bolivariana, que se esforzaría en cumplir de la mejor manera tan patriótica misión, por la gloria de Bolívar y como un homenaje de justicia y gratitud a Ud. a quien se debe que la Patria posea tan valioso tesoro.

Con un respetuoso saludo, soy su muy adicto amigo,

L. Vallenilla Lanz

IV. Correspondencia de César Zumeta

53

Legación de Venezuela

Roma, 13 de diciembre de 1926

Señor
General
Juan Vicente Gómez
Caracas

Muy respetado Jefe y amigo:

Oportunamente fui informado de que el Oficial de milicia Antonio Ceriello, pasajero en el vapor italiano *Venezuela*, con pasaporte N° 308, «aunque aparentemente se dirige a Venezuela por intereses personales, parece que el principal objeto de su viaje sea hacer propaganda política en la colonia italiana».

Como ya había salido el vapor y tengo razones para creer que al amigo que me informa no le es simpático el régimen actual de este país, traté de cerciorarme antes de escribir a Ud. a este respecto. Encuentro muy difícil aventurar juicio, porque puede tratarse simplemente de un observador que vigile de cerca los trabajos de quienes tramen conspiraciones o conjuraciones contra la paz de Italia, o la vida del Jefe del Gobierno y, en ese caso, merece más bien el concurso de nuestras autoridades de policía. Si realmente se trata de un agitador que fuera a crear disensiones entre la laboriosa colonia italiana en Venezuela, nada sería más fácil que contener las exageraciones partidarias en el ambiente de paz creado por usted en

Venezuela, en donde ya nadie se ocupa sino de asegurar por el trabajo su propio bienestar y el del país.

Uno de mis constantes cuidados aquí es ver por que nuestros compatriotas residentes en Italia, mantengan la más estricta neutralidad en los asuntos públicos de este Reino, de cuyos gobernantes he recibido reiteradas pruebas del vivo aprecio que hacen del surgimiento de Venezuela iniciado y realizado por usted.

Es su siempre agradecido amigo y servidor,

César Zumeta

54

Legación de Venezuela

Roma, 19 de enero de 1927

Señor
General
Juan Vicente Gómez
Caracas

Muy respetado amigo y mi jefe:

El regalo anual que en forma de sobresueldo ofrece usted a los funcionarios y empleados nacionales, revela el auge creciente de la renta pública, obra exclusiva de su tesonera previsión, y el sentimiento de generosa equidad que es, junto con el de justicia, el sello de todos sus actos.

Reciba, General, las gracias de este viejo amigo que tantas pruebas tiene desde hace dieciocho años de su noble amistad para conmigo, y de la serena fe invencible con que, a pesar de hombres y cosas, dominando obstáculos y desengaños, ha realizado y realiza usted la reconstrucción y el increíble engrandecimiento del país.

Soy, General, su amigo y servidor de siempre.

César Zumeta

55

Legación de Venezuela

París, 5 de mayo de 1927

Señor
General
Juan Vicente Gómez
Caracas

Muy respetado amigo y mi Jefe:

Como no he recibido aún las credenciales que, según nos avisa a Parra Pérez y a mí el doctor Itriago, llegarán en el vapor del 18 próximo con el doctor Villanueva Mata, a quien le fueron confiadas, se hace difícil la averiguación que he emprendido acerca de los antecedentes de la señora de Carlos León; pero confío en poder comunicarle algo concreto dentro de pocos días.

Rufino Blanco Fombona acaba de ser acreditado Cónsul del Paraguay en Lyon y mucho me temo que esto se relacione con el mismo movimiento en que anda el grupo de conspiradores profesionales de acá. El Consulado puede servir como le sirvió a Carlos Villanueva, para expedir pasaportes, papeles de embarque y aun de navegación. Aunque atado de pies y manos por falta de carácter oficial, trabajo hasta donde me permiten las circunstancias y confío en obtener resultados satisfactorios.

Soy, General, su invariable agradecido y su servidor.

César Zumeta

56

Legación de Venezuela
3 Rue Beethoven
París

La Fayet, 13 de agosto de 1927

Señor
General
Juan Vicente Gómez
Caracas

Muy respetado amigo y mi Jefe:

He venido con permiso a estas aguas, en un rincón de montaña, en busca de aliento para mi salud quebrantada sobre todo por el afán moral y aun fatiga física de los últimos meses. Regreso muy mejorado por la cura y el reposo, a París, de donde sigo a presentar credenciales a Berna y a desempeñar la misión con que de nuevo me honra su bondad y su confianza, en la Sociedad de las Naciones. Solo aspiro a saber interpretar bien a usted, General, en cuanto encargo me confía y a que mis actos merezcan la aprobación del Jefe y del amigo, a quien cada día me siento más profundamente obligado.

Me permito acompañar, en memorándum, relación de dos asuntos que le preveo se presentarán este año en la Asamblea y acerca, del primero de los cuales he pedido instrucciones al Ministro y someto a usted muy respetuosamente mi opinión.

Aquí está Arévalo Cedeño reunido en Vichy, a pretexto de cura, con la plana mayor de los que todavía esperan el Mesías, o se creen ellos mismos Mesías encargados de destruir la obra de usted y retrotraer a Venezuela al estado a que ellos la tenían reducida. A Arévalo bastaría abrirle causa por los delitos cometidos allá a pretexto de política, y podría obtenerse así su extradición en casi todos los países donde se refugiara. Lo único que les puede ser útil acá, es el consulado que está ejerciendo Rufino Blanco Fombona, en Lyon; porque puede facilitarles papeles de tránsito y aun de embarque, si bien es cierto que cuentan con la cooperación de los agentes de México en el exterior. Blanco Fombona se ha hecho muy amigo del Ministro del Paraguay en París, mi colega en Ginebra, un tanto atrabiliario. Ya he alertado respecto a Blanco Fombona, verbalmente, al Ministerio aquí. Es lo más curioso que, en los momentos en que se necesita la acción del Cónsul en Vichy, este la paraliza renunciando por motivos que debiera haber tenido para no aceptar el puesto. Dice que sus actividades políticas como francés están en contradicción con sus deberes consulares de neutralidad, y que él hace política de oposición. Como no es fácil reemplazarlo inmediatamente, se hace difícil la vigilancia.

Entre tanto, General, tomaré las medidas que las circunstancias indiquen, mientras usted me dicta las órdenes que juzgue oportunas respecto a Blanco Fombona.

Soy su servidor y amigo,

César Zumeta

57

Legación de Venezuela

París, 29 de diciembre de 1927

Señor
General
Juan Vicente Gómez
Caracas

Muy respetado amigo y Jefe:

Me permito incluirle en copia, la nota en que explicó al Señor Ministro de lo Exterior, las razones que me movieron a recomendar al Cónsul en París que visara el pasaporte del Ingeniero ruso, Coronel del Ejército Imperial ruso, señor A. Verblunsky.

Únicamente la confianza que me inspira la leal amistad de Betancourt Sucre a Ud., la experiencia de él en estas materias y el hecho de haber juzgado él necesario venir personalmente a París, con el Jefe de la Misión, para garantizarme la honorabilidad de ambos señores, me decidió a librar el pasaporte, que ya había negado.

Asancheyev y Betancourt me hablaron de llevar, entre otros proyectos, el de aprovechamiento del Salto del Caroní. Les dije que valía la pena de estudiar al mismo tiempo la utilización de la fuerza motriz del Chama; idea esta que mereció la aprobación de usted cuando tuve el gusto de sometérsela en 1923. La fuerza del Chama no solo permitiría aumentar prodigiosamente la producción agrícola de toda la región andina, porque facilitaría el transporte rápido y barato de los frutos de la Cordillera sino también haría un emporio de aquellos valles y serviría para abaratar, quizás, la fuerza empleada en la maquinaria y el transporte en la región petrolera y en el lago.

Le hablé también a Asancheyev de la repoblación de los cauchales y del balatá en Guayana, que, sobre representar una de las más firmes fuentes de riqueza del país, restablecería la prosperidad de Ciudad Bolívar y de aquellas vastas comarcas. Me contestó que para la empresa del Chama le parece de gran importancia económica y financiera.

Tanto Verblunsky como Asancheyev tienen sus papeles en regla y son considerados como enemigos de los sóviets.

Ojalá merezca la suprema aprobación de usted mi conducta en este asunto.

Soy, mi querido General, su viejo servidor y amigo,

César Zumeta

58

Confidencial

París, 15 de marzo de 1928

Señor
General
Juan Vicente Gómez
Presidente de la República

Muy respetado amigo y mi Jefe:

Desde mi llegada a París supe que un grupo de franceses trabajaba por que el Gobierno francés le acordara a usted la Gran Cruz de la Legión de Honor. Poco después otro grupo, de acuerdo con la colonia francesa residente en Caracas, gestionó en el mismo sentido. Las dos gestiones fueron acerbamente contrariadas por dos antiguos Ministros de Francia en Caracas, los señores Chayet y *Fabre, y por el vizconde Dejean.* Subdirector de América en el Ministerio de Negocios Extranjeros, acérrimo enemigo de usted. Se apoyaban en un expediente formado por ellos mismos, en el cual aparecían *cargos contra usted de progermanismo y de crueldad formulados por revolucionarios vencidos e impotentes.* Estos mismos funcionarios, respaldados por un venezolano que, por deber y decoro, debiera haberse abstenido de atizar campaña contra mí, eran los mismos que me acusaban de progermanismo ante el Gobierno francés.

Entretanto el doctor J. Ignacio Cárdenas promovía ardientemente la revisión de tan inicuos cargos, a fin de que se le hiciera debida justicia a los altos merecimientos del Presidente de Venezuela.

En septiembre de 1927 circuló en la Asamblea de la Sociedad de las Naciones el rumor oficioso de que le había sido negada a usted la Gran Cruz de la Legión de Honor. Tan pronto regresé a París, tuve una cordial entrevista con el Jefe del Protocolo M. de Gouquieres, y le dije: «que había llegado a mí aquel rumor y en previsión de que llegara a Venezuela, deseaba conocer la versión oficial a fin de transmitirla».

Me contestó: Todo se reduce a que la Cancillería, cuando se trata de Jefes de Estado, especialmente de los de América, no procede sino por solicitud o iniciativa oficial. Evitamos cuidadosamente tomar en cuenta las gestiones de particulares, porque a menudo son interesadas y sirven a fines personales.

Sabedor de que un diplomático nuestro había hecho aquí una gestión sin resultado, manifesté: «que si bien podía asegurarle que el pueblo todo de Venezuela y el Gobierno sabrían apreciar debidamente la distinción que el Gobierno francés acordara al General Juan Vicente Gómez, yo no estaba en modo alguno autorizado a solicitarla».

Entre tanto, M. de Sillac, con quien estaba yo en perfecto acuerdo, trabajaba para desbaratar la obra de la camarilla adversa, de la cual él mismo era en cierto modo víctima. Desde comienzos de enero presentó la candidatura de usted en un brillante escrito donde se limita a enumerar actos de su Gobierno.

Efectivamente, el primero de marzo se decidió instruir al Ministro Barret para anunciar a usted la investidura en el acto de la presentación de sus credenciales. La camarilla trató de aprovechar los incidentes de Caracas para retardar aún el asunto, y parece verse la mano de estos señores en la vigorosa campaña de calumnias mantenida contra usted durante los últimos días, en esta prensa. El intento, afortunadamente, fracasó.

Por la lentitud de las formalidades administrativas, esta mañana, según acaba de informarme un funcionario del ramo, no estaba aún firmado el diploma. Esto explica que yo no haya recibido todavía la notificación oficial. Sin embargo, los diarios publicaron ya formalmente la noticia de haber sido «elevado usted a la dignidad de Gran Cruz de la Legión de Honor».

Soy, General, su agradecido servidor y amigo,

César Zumeta

59

Legación de Venezuela

París, 9 de marzo de 1928

Señor
General
Juan Vicente Gómez
Caracas

Mi respetado amigo y mi Jefe:

La noticia de la tentativa de provocar desórdenes en Caracas a pretexto de huelga, ha servido para demostrar la inquebrantable confianza del comercio europeo en la solidez del orden implantado y garantido por usted. La prensa no la publicó sino en La Haya, por un telegrama que supongo fuera trasmitido de Curazao, y después en Londres. Para desvirtuar rumores que hacían circular aquí los enemigos, hice publicar, sin carácter oficial, las líneas que acompaño, marcadas con el N° 1, junto con la copia de la nota en la cual comuniqué a las Legaciones de Venezuela en Europa, la información cablegrafiada por el Ministro de Relaciones Exteriores.

Escrito lo anterior leo en la prensa de hoy un cable alarmante de Bogotá. *El Tiempo*, de esa ciudad, informa que hubo motines contra Ud., en los cuales «fueron linchados seis agentes de policía, murieron varios estudiantes, quedaron heridos el 'Ministro de Chile y el Secretario de la Legación de Cuba' y fueron arrestados veinticinco abogados de nota».

Desmiento hoy mismo estas falsedades, según puede usted verlo en el anexo N° 2 y pido detalles por cable al Ministro, a fin de poder dar las precisiones que fuera del caso.

En la fe de que, a la hora de luchar, el puesto de los amigos es a vanguardia, reitero a usted, General, lo que desde que estoy ausente de Caracas he tenido la satisfacción de escribirlo cada vez que los adversarios han intentado armar desorden: «Presente y a las órdenes».

Soy, General, su amigo y servidor de siempre.

César Zumeta

60

Legación de Venezuela

París, 29 de marzo de 1928

Señor
General
Juan Vicente Gómez
Caracas

Muy respetado amigo y mi Jefe:

Encuentro tan reveladora la última frase de la diatriba que acompaño en recorte y traduzco en seguida, que creo útil conozca Ud. la forma que toma la campaña de prensa en los periódicos oficiosos comunistas. El recorte es de *La Bandera Roja* (*Le Drapeau Rouge*) de Bruselas, del 11 de marzo y dice: «Una Insurrección en Venezuela. El *Herald Tribune,* de New York, del 9 de marzo anuncia que hubo treinta y seis muertos durante los recientes desórdenes estallados en Caracas (Venezuela) a consecuencia de una huelga provocada por el arresto de varios estudiantes. (Sabido es que el régimen de Venezuela es el del capital petrolero inglés y americano, agravado por la dictadura personal del Presidente Gómez). Estas noticias de Venezuela llegadas después de la insurrección popular en Bolivia, meses hace, y al terminar la conferencia de La Habana, confirman que el movimiento revolucionario en la América Latina ha entrado últimamente en un período más activo».

La última frase demuestra el origen soviético de la propaganda sediciosa en nuestros países. La dirección general parece estar en La Habana y quizás pudiera obtenerse que la policía cubana descubriera en los papeles del centro comunista allá, datos importantes. Sin duda hay ramificaciones en Puerto Rico, Trinidad y Curazao.

Soy, General, su servidor y amigo de siempre.

César Zumeta

61

Legación de Venezuela

París, 25 de abril de 1928

Señor
General
Juan Vicente Gómez
Caracas

Muy respetado amigo y mi Jefe:

Acaban de salir de aquí el Presidente y el Secretario de la Federación de Estudiantes de París, que, invitados por la Federación de Estudiantes Latinoamericanos van a participar en una manifestación en favor de los estudiantes venezolanos oprimidos. Les manifesté con la más clara sinceridad lo sucedido y les demostré las mentiras varias fabricadas en Curazao para desviar la opinión europea.

Espontáneamente declararon que, convencidos de la veracidad de mi exposición, no solo no tomarían parte en la manifestación, sino advertirían al abogado Campinchi y al profesor Mestre, oradores de orden, de que se sorprendía su buena fe.

Llevo inmediatamente a la Agencia Havas, para que lo trasmita a la prensa, un comunicado de la Legación que restablece la verdad y espero que la manifestación provocada por los enemigos, mediante telegramas de Curazao, tendrá la menor resonancia posible.

Soy, General, su viejo servidor y su amigo,

César Zumeta

62

Legación de Venezuela

París, 21 de octubre de 1928

Señor
General
Juan Vicente Gómez
Caracas

Muy respetado amigo y mi Jefe:

El Senador Reynald que, como sabe usted, escribió el prólogo del folleto desmentidor de las calumnias de Pocaterra y Delgado, vino a verme ayer acerca de un proyecto que ojalá merezca la aprobación de usted.

El Senador Reynald, a quien en 1923 tuve ocasión de ayudar eficazmente en la Asamblea de las Naciones, es Vicepresidente de la Comisión de Negocios Extranjeros del Senado y tiene interés directo en la *Correspondance Universelle*, publicación de la cual ya he hablado a usted a propósito de buenos servicios en favor del país y de la causa. Esta publicación es principalmente de carácter económico y sus artículos los reproducen importantes periódicos en el extranjero. Desea el citado amigo crear en París un Comité de comerciantes e industriales venezolanos y franceses que, secundados por la *Correspondance*, promueva activamente relaciones de negocios entre Venezuela y Francia y que pueda eventualmente constituir una Cámara de Comercio Franco-Venezolana en París.

La realización de este plan no podría sino sernos beneficiosa para ensanchar aquí el mercado de nuestros productos. Le he pedido un Memorándum explicativo de su proyecto y del concurso a que aspira del Gobierno de Venezuela. Este plan es, en forma más amplia, el mismo de que hablé a usted hace algunas semanas y que usted me ordenó someter al Ministro de lo Exterior. Tan pronto reciba el Memorándum cumpliré las instrucciones de usted; pero he querido desde ahora darle cuenta de esta conversación porque creo que, aparte el real interés económico del asunto, no sería despreciable, en las presentes circunstancias aquí, el concurso activo de un Senador francés y de un grupo de hombres de negocios de significación.

Soy, General, su amigo y servidor de siempre.

César Zumeta

63

Legación de Venezuela

París, 27 de noviembre de 1928

Señor
General
Juan Vicente Gómez
Caracas

Muy respetado amigo y mi Jefe:

Entre otras informaciones que he obtenido de la Asociación Antibolchevista constituida en Ginebra, aparece la siguiente:

«En lo relativo a la A.G.E.L.A (estas son las iniciales de la sociedad bajo cuyos auspicios se reunieron el 13 de este mes Dominici, Smith y Eduardo Machado Morales) puede usted considerarla como un cuerpo penetrado de elementos bolchevizantes que tratan de acapararlo y dirigirlo. Debe tomarse nota a este respecto de que los estudiantes latinoamericanos en las Universidades europeas son desde hace algún tiempo objeto de la atención especial de los bolchevistas. Es de lamentarse que no se haya tratado hasta ahora de alertarlos, explicándoles el verdadero objeto de la acción bolchevista dirigida contra sus respectivos gobiernos».

Por el recorte que incluyo y que encontrará usted sin duda interesante, porque contiene la exposición de los medios de que se valen los sóviets para organizar golpes de mano a fin de adueñarse por sorpresa de una ciudad, podrá darse usted cuenta de cómo preparan ellos militarmente a todos sus sectarios. En Europa, a cada momento, les descubre la policía depósitos de armas.

183

Los demás documentos aun cuando no contienen sino información general, revelan el programa de la acción revolucionaria en la América Latina y, desde este punto de vista, tienen particular interés para nosotros. Como no tengo sino un solo ejemplar de cada uno de estos últimos envío todo por este mismo correo al Ministerio de Relaciones Exteriores.

Soy, General, su amigo y servidor de siempre.

César Zumeta

64

Legación de Venezuela

París, 29 de enero de 1929

Señor
General
Juan Vicente Gómez
Caracas

Muy respetado amigo y Jefe:

Ruego a usted se digne enterarse de la copia adjunta del Memorándum que dirijo al señor Ministro de lo Exterior acerca de los cables en que anuncié a usted y a él la posibilidad de complicaciones de orden político en el juicio de divorcio intentado por el señor Gustavo Díaz.

Además de las razones que ahí apunto, hay la de que la familia del comunista Machado Morales, relacionado con vínculos que se rozan con el del abogado Campinchi, tiene intimidad con la familia Díaz. Todo esto explica que pretendan los enemigos aprovechar la ocasión para escandalizar.

Por supuesto he alertado a Gustavo Díaz, como amigo, explicándole que él puede impedirlo.

Soy, General, su amigo y servidor de siempre.

César Zumeta

65

Legación de Venezuela

París, 1º de julio de 1929

Señor
General
Juan Vicente Gómez
Maracay

Muy respetado amigo y mi Jefe:

Le escribo bajo la gratísima impresión de la noticia oficial, recibida ayer, de estar ya completamente debeladas las facciones de Gabaldón y Urbina. Siempre he asegurado aquí, al Gobierno y a la prensa, que en Venezuela no hay problema militar y que el Ejército y la opinión garantizan paz inconmovible. Esto mismo tuve ocasión de manifestárselo, en Madrid, al Rey y al General Primo de Rivera.

En lo de Curazao creo que la investigación demostrará que el golpe fue organizado en connivencia con elementos soviéticos. Desde hace tres meses dos de los comunistas venezolanos trataron de irse de aquí, vía Nueva York. Previne a la Embajada Americana y esta me dio las más expresivas gracias por el aviso. Ahora Eduardo Machado ha ido a Inglaterra, en donde tiene esperanzas de encontrar apoyo en ciertos elementos del nuevo Gobierno. Se les disipará esta ilusión. Baptista regresa a Nueva York y Delgado Chalbaud para conferenciar con Aranguren, juzga conveniente entrar por la cocina del hotel donde este se hospeda.

Lo que han ganado es convencer a la prensa de lo inútiles que son y cerrarse las puertas de las Antillas.

Soy, General, su amigo y servidor de siempre.

César Zumeta

66

Sociedad de las Naciones
Delegación de Venezuela

París, 30 de octubre de 1930

Señor
General
Juan Vicente Gómez
Maracay

Muy respetado amigo y mi Jefe:

Aparte una breve referencia años hace, en la Asamblea de Trabajo, jamás he tenido ocasión pública de citar la obra de usted en ninguno de los Congresos internacionales a que se ha dignado delegarme desde 1910.

Por la nota que en copia adjunto, verá usted General, que al fin tuve oportunidad y la aproveché ante los representantes de las setenta naciones que forman el Instituto Internacional de Agricultura, de los Delegados de treinta Instituciones internacionales, y en presencia de Mussolini y del Rey de Italia, reunidos todos en el más vasto salón del Capitolio de Roma.

Acompaño, General, un ejemplar del discurso, tal cual fue publicado por el Instituto, y la traducción en castellano, en la cual podrá ver usted la referencia, breve como convenía, pero intensa, que pude hacer de la transformación de Venezuela realizada por usted.

Soy, General, su viejo servidor y amigo,

César Zumeta

67

Legación de Venezuela

París, 17 de noviembre de 1930

Señor
General
Juan Vicente Gómez
Comandante en Jefe del Ejército
Maracay

Muy respetado amigo y mi Jefe:

Aun cuando las instrucciones dadas desde hace largo tiempo por el Ministerio de Relaciones Exteriores son, a mi juicio, suficientes para evitar la inmigración no deseable, tropiezo desde hace más de un año con la dificultad de que se le aplica a las instrucciones recibidas un criterio jurídico, en vez del criterio político que corresponde y que, aun cuando crea responsabilidades, es el único eficaz.

Llegó el asunto a tal extremo que, a pesar de toda su buena voluntad, el Cónsul de Marsella me dio aviso de que a pesar de haberle negado pasaporte a diecisiete emigrantes, tuvo que visárselo a treinta y dos más que salieron por ese mismo vapor y presentaban papeles en regla conforme a los cuales aparecían siendo agricultores. Por otros puertos crecía también la corriente, sin contar los que salen con destino a las Antillas vecinas, de donde logran pasar después a Venezuela. Fue entonces cuando juzgué de urgencia señalarle a usted la situación por cable, al mismo tiempo que a la Cancillería.

Tan pronto recibí sus órdenes, que muy de corazón agradezco, ordené a los Cónsules advertir a las Compañías que telegrafiaran a sus agentes en los países de procedencia de los emigrantes, las nuevas instrucciones. Por lo demás considero tan importante el asunto que no vacilaré, y así lo he hecho saber al Cónsul General, en pedir la suspensión del Cónsul que infrinja las disposiciones dictadas por el Ejecutivo y por el Comandante en Jefe del Ejército.

Me permito acompañar, en copia, la carta y el memorándum que dirijo hoy al Cónsul General en esta.

Soy, General, su viejo servidor y amigo.

César Zumeta

68

Legación de Venezuela

París, 21 de noviembre de 1930

Señor
General
Juan Vicente Gómez
Maracay

Muy respetado amigo y mi Jefe:

En la creencia de que puedan serle de alguna utilidad para las benéficas reformas y adelantos que introduce usted constantemente en el Ejército Nacional, tengo el gusto de acompañar, bajo esta misma cubierta, la carta y catálogos que ha recibido esta Legación de la Casa Bonnet, surtidora del Gobierno francés y especialista en fábrica de cocinas y aparatos para lavar la vajilla del Ejército.

Soy, General, su servidor y amigo de siempre.

César Zumeta

69

Legación de Venezuela

París, 3 de febrero de 1931

Señor
General
Juan Vicente Gómez
Maracay

Muy estimado amigo y Jefe:

Acompaño copia de un memorándum que dirijo al Ministro, a propósito de prensa pero que ruego a usted considere con toda su benevolencia, a pesar de las economías que parece imponer la crisis por que atraviesa el mundo. Las personas a quienes se refiere el párrafo final del pliego adjunto y que considero discreto no nombrar en él, son: una, un verdadero amigo suyo de quien ya tuve ocasión de hablarle y a quien generosamente envió usted en 1929, diez mil francos.

Le incluyo dos recortes, únicos que tengo a mano, de lo que ha publicado en *The N. Y. Tribune* de esta ciudad en los últimos días. El otro escribe en el *Herald*, también de París, y en tres importantes revistas. Creo que conviene mucho, General, tener contentos a estos amigos cuyos nombres son Casabienca, el primero, y René Richard, el segundo.

Soy, General, su viejo amigo y servidor de siempre,

César Zumeta

Bibliografía

FUENTES PRIMARIAS

ARCAYA, Pedro Manuel. *Discurso leído en la Recepción Pública, en la Academia Nacional de la Historia*, 11 de diciembre de 1910, Caracas, Imprenta Bolívar, 1910.

_____. *Influencia del elemento venezolano en la Independencia de América Latina*, Caracas, Imprenta Nacional, 1916.

_____. «Discurso de Instalación de las sesiones el 19 de abril de 1916». *Diario de debates de la Cámara del Senado*, Mes I, N° 1, Caracas, Imprenta Nacional, 1919.

_____. *Discurso Inaugural. Sesiones de 1919, Cámara del Senado*, Caracas, Tipografía Cosmos, 1919.

_____. «Discurso Inaugural. Sesiones de 1921». *Diario de debates de la Cámara del Senado*, Mes 1, N° 1, Caracas, Edit. Victoria, 1921.

_____. *Discurso Inaugural. Cámara del Senado*, Caracas, Imprenta Bolívar, 1921.

_____. *Discurso Inaugural. Cámara del Senado,* Caracas, Tipografía Cosmos, 1922.

_____. *Address of the minister of Venezuela P. M. Arcaya on the Present Conditions in his Country delivered October*

26-1930 from Station W Mal of the Columbia Broadcasting Company, Washington, 1930.

_____. *The Gómez regime in Venezuela and its Background*, Washington, Press of the Sun Printing Company, 1936.

_____. *Estudio de Sociología venezolana*, Prólogo de L. Vallenilla Lanz, Caracas, Edit. Cecilio Acosta, 1941.

_____. *Estudio de Historia de América*, México, Instituto Panamericano de Geografía e Historia, 1948.

_____. *Estudios Jurídicos*, Caracas, Edit. Jurídica Venezolana S. A., 1963.

_____. *Memorias del Doctor Pedro Manuel Arcaya*, Prólogo de Carlos Arcaya, Madrid, Talleres del Instituto Geográfico y Catastral, 1963.

_____. *Historia de las Reclamaciones contra Venezuela*, Caracas, Edit. Pensamiento Vivo, 1964.

_____. *La Guerra de Independencia en Coro y Paraguaná*, Caracas, Cromotip, 1974.

GIL FORTOUL, José. *Recuerdo de París*, Imprenta Daniel Costezo, 1887.

_____. *Julián: Bosquejo de un Temperamento*, Leipzig, Imprenta Jules Klinkharat, 1888.

_____. *Idilios*, Liverpool, Philip Son and Asephew, 1892.

_____. *Pasiones*, París, Grenier Hnos., 1895.

_____. «Discurso de Instalación de la Cámara del Senado en calidad de Presidente de la misma». *Diario de debates de la Cámara del Senado*, Mes I, N° 1, Caracas, Imp. Nacional, 1913.

_____. «Palabras de Congratulación al Presidente J. V. Gómez por su mensaje anual al Congreso». *Diario de debates de la Cámara del Senado*, Mes 1, N° 9, Caracas, Imp. Nacional, 1913.

_____. «Mensaje del Doctor José Gil Fortoul, Presidente del Consejo de Gobierno Encargado de la Presidencia de la República al Congreso Plenipotenciario de los Estados Unidos de Venezuela». *Diario de debates de la Cámara del Senado*, Mes 1, N° 1, Caracas, Litografía del Comercio, 1914.

_____. «Discurso de instalación de la Cámara del Senado en calidad de Presidente de la misma». *Diario de debates de la Cámara del Senado*, Mes 1, N° 1, Caracas, Lit. del Comercio, 1915.

_____. *Contestación al breve mensaje del Comandante en Jefe del Ejército Nacional*, Caracas, Lit. del Comercio, 1915.

_____. *Acto cuarto del Drama Simón Bolívar escrito en francés por José Gil Fortoul*, Traducción de Ildefonso Vázquez, con adición de algunos episodios al argumento general, Maracaibo, Imprenta El Propio Esfuerzo, 1915.

_____. *Díaz Rodríguez, Manuel. Discurso de Recepción como Individuo de Número de la Academia Nacional de la Historia*, Caracas, Tip. Americana, 1924.

_____. *Fragmentos de una Sinfonía*, Caracas, Edit. Sabática, 1925.

_____. *Arte de embellecer la vida*, Caracas, Imp. Bolívar, 1927.

_____. *Sinfonía Inacabada y otras variaciones*, Caracas, Edit. Suramericana, 1931.

_____. *Páginas de ayer*, Caracas, Edit. Élite, 1944.

_____. *Epistolario de Gil Fortoul a Lisandro Alvarado*, Barquisimeto, Imprenta del Estado, 1956.

_____. *Filosofía Constitucional*, Caracas, Min. Educación, 1956 (Col. Obras Completas), Vol. IV.

_____. *El Hombre y la Historia*, Caracas, Min. Educación, 1956 (Col. Obras Completas), Vol. IV.

_____. *El Humo de mi Pipa*, Caracas, Min. Educación, 1956 (Col. Obras Completas), Vol. V.

_____. *Discursos y Palabras*, Caracas, Min. Educación, 1956 (Col. Obras Completas), Vol. V.

_____. *De Hoy para Mañana*, Caracas, Min. Educación, 1956 (Col. Obras Completas), Vol. V.

_____. *Historia Constitucional de Venezuela*, Caracas, Min. Educación, 1956 (Col. Obras Completas), Vol. I-III.

VALLENILLA LANZ, Laureano. *Disgregación e Integración*, Caracas, Tip. Universal, 1930.

_____. *Críticas de Sinceridad y Exactitud*, Caracas, Edit. Garrido, 1956.

_____. *Cesarismo Democrático*, Caracas, Edit. Garrido, 1961.

_____. *Influencia del 19 de abril en la Independencia Suramericana*, Caracas, Empresa El Cojo, 1910.

_____. *El Libertador juzgado por los miopes*, Caracas, Lit. del Comercio, 1914.

_____. *Prólogo a La Elección Presidencial de Juan Vicente Gómez*, Caracas, Imprenta Nacional, 1915.

_____. «Discurso en la ocasión de la Instalación de abril de 1916». *Diario de debates de la Cámara del Senado*, Mes 1, N° 1, Caracas, Imprenta Bolívar, 1916.

_____. *Contestación del Presidente del Senado L. V. L. al mensaje del Comandante en Jefe del Ejército*, Caracas, Imprenta Bolívar, 1916.

_____. «Discurso en ocasión de la instalación del Congreso el 19 de abril de 1920». *Diario de debates de la Cámara del Senado*, Mes 1, N° 1, Caracas, Imp. Bolívar, 1920.

_____. «Intervención en la sesión del día 24 de mayo de 1920». *Diario de debates de la Cámara del Senado*, Mes 11, N° 20, Caracas, Imprenta Nacional, 1920.

_____. «Discurso pronunciado en ocasión solemne del Congreso el día 24 de junio de 1921 en Valencia, Edo. Carabobo». *Diario de debates de la Cámara del Senado*, Mes III, N° 39, Caracas, Edit. Victoria, 1921.

_____. «Discurso pronunciado en ocasión de la sesión inaugural del Congreso el día 19 de abril de 1923», *Diario de debates de la Cámara del Senado*, Mes 1, N° 1, Tip. Americana, 1923.

_____. «Discurso inaugural pronunciado en ocasión de la sesión inaugural del Congreso el 19 de abril de 1930», *Diario de debates de la Cámara del Senado*, Caracas, Imprenta Nacional, 1930.

_____. *Refutación a un libro argentino*, Caracas, Imp. Nacional. 1917.

_____. *Centenario de Boyacá. Discurso pronunciado en la sesión solemne de la Academia Nacional de la Historia celebrada en conmemoración de la gran batalla, el 7 de agosto de 1919*, Caracas, Tipografía Americana, 1919.

_____. *Discurso de orden en la inauguración de la estatua de San Martín*, Caracas, Tip. Americana, 1924.

_____. *El sentido americano de la democracia*, Caracas, Tip. Universidad, 1930.

_____. *La Rehabilitación de Venezuela. Campañas políticas de «El Nuevo Diario»*, Caracas, s/e., 1916.

_____. *Bolívar y el principio de las nacionalidades*, Caracas, Tip. La Ventaja, 1956.

ZUMETA, César. *Discursos,* Caracas, Tip. El Cojo, 1911.

_____. *Discursos pronunciados en las sesiones de 1932.* Caracas, Edit. Suramericana, 1932.

_____. «Discurso inaugural correspondiente a las sesiones del año 1932», *Diario de debates de la Cámara del Senado*, Mes I, N° 1, Caracas, Tip. Americana, 1932.

_____. *Discurso de recepción, como Individuo de Número de la Academia Nacional de la Historia*, Caracas, Tip. Americana, 1932.

_____. *Notas Críticas*, Caracas, Cuadernos Literarios de la Asociación de Escritores de Venezuela, 1951, N° 57.

_____. *El Continente Enfermo*, Prólogo y notas de Rafael Ángel Insausti, Caracas, Edic. Presidencia de la República, 1961.

_____. *Tiempo de América y Europa*, Caracas, Edit. Presidencia de la República, 1962.

_____. *Las Potencias y la intervención en Hispanoamérica*, selección de Rafael Ángel, Insausti, Caracas, Edic. Presidencia de la República, 1973.

_____. *Hombres y problemas de América Latina*, Prólogo de Arturo Úslar Pietri, Caracas, Edic. Presidencia de la República, 1973.

FUENTES AUXILIARES

ARDAO, Arturo. *Espiritualismo y Positivismo en Uruguay*, Montevideo, Centro Editor de América Latina, 1968.

CABALLERO, Manuel *y otros*. *El Concepto de la Historia en Laureano Vallenilla Lanz*, Caracas, U.C.V., 1963.

CARBONELL, Diego. *Sobre la personalidad de los académicos don Laureano Vallenilla Lanz y don Esteban Gil Borges*, Caracas, Tip. Americana, 1943.

CARRERA DAMAS, Germán. *Cuestiones de Historiografía Venezolana*, Caracas, U.C.V., 1964.

CARRERA DAMAS, Germán; SILVA MICHELENA, J.A.; HURTADO, Ruth. *Sesenta años de cambio político en Venezuela*, Caracas, Cendes, Edic. mimeográfíca, 1968.

COMTE, Augusto. *Discurso sobre el espíritu positivo*, Buenos Aires, Biblioteca de Iniciación Filosófica, 1971.

DÍAZ SÁNCHEZ, Ramón. *Diez rostros de Venezuela*, Caracas, Ediciones Banco del Caribe, 1964.

FELICE CARDOT, Carlos. *Gil Fortoul en la intimidad y en la diplomacia*, Caracas, s/e, 1974.

GALLEGOS ORTIZ, Rafael. *La historia política de Venezuela. De Cipriano Castro a Pérez Jiménez*, Mérida, Talleres Gráficos, 1960.

GAOS, José. *Historia de nuestra idea del mundo*, México, Fondo de Cultura Económica, 1973.

GUERRERO, Luis Beltrán. *Perpetua Heredad*, Caracas, Edic. Ministerio de Educación, 1965.

INSAUSTI, Rafael Ángel. Prólogo a *El Continente Enfermo*, de César Zumeta.

KOHN DE BEKER, Marisa. *Tendencias positivistas en Venezuela*, Caracas, UCV, 1970.

KORN, Guillermo. *Del Positivismo al Modernismo en la prensa venezolana*, Caracas, U.C.V., 1956.

LAGARRIGUE, Juan Enrique. *La religión de la humanidad*, Santiago de Chile, s/e., 1947.

LUNA, José Ramón. *El positivismo en la historia del pensamiento venezolano*, Caracas, Edit. Arte, 1971.

MIJARES, Augusto. *Hombres e Ideas en América*, Caracas, Min. de Educación, 1946.

MILIANI, Domingo. *Vida intelectual de Venezuela*, Caracas, Universidad Católica Andrés Bello, 1971.

NÚÑEZ, Enrique Bernardo. *El Hombre de la levita gris. Los años de la restauración liberal*, Caracas, Edime, 1953.

NUÑO, Alicia de. *Ideas Sociales del positivismo en Venezuela*, Caracas, U.C.V., 1969.

PENZINI HERNÁNDEZ, Juan. *Vida y obra de José Gil Fortoul*, Caracas, Edic. del Ministerio de Relaciones Exteriores, 1972.

PICÓN SALAS, Mariano. *Los días de Cipriano Castro*, Caracas, Edit. Garrido, 1953.

PINO ITURRIETA, Elías (Comp.). *Castro. Epistolario Presidencial*, Caracas, U.C.V., 1974.

_____. «Aproximación a los límites del período contemporáneo en Venezuela», *Actualidades*, N° 1, Centro de Estudios Latinoamericanos «Rómulo Gallegos», Caracas, 1976.

RANGEL, Domingo Alberto. *Los andinos en el poder. Balance de una hegemonía*, Mérida, Talleres Gráficos Universitarios, 1964.

_____. *El proceso del capitalismo contemporáneo en Venezuela*, Caracas, U.C.V., 1968.

_____. *Gómez. El amo del poder*, Caracas, Vadell Hnos., 1976.

ROURKE, Thomas. *Gómez, Tirano de los Andes*, Buenos Aires, Edit. Claridad, 1952.

SOSA, Arturo. *La filosofía política del gomecismo*, Barquisimeto, Centro Gumilla, 1974.

THURBER, Oray. *Origen del capital norteamericano en Venezuela*, Barquisimeto, Edit. Nueva Segovia, 1955.

TOSTA, Virgilio. *El caudillo según once autores venezolanos. Contribución al estudio del pensamiento sociológico nacional*, Caracas, Tip. Garrido, 1954.

ÚSLAR PIETRI, Arturo. *Letras y Hombres de Venezuela*, Caracas, Edime, 1958.

VELÁSQUEZ, Ramón J. *La caída del liberalismo amarillo. Tiempo y drama de Antonio Paredes*, Caracas, Edic. de la Contraloría General de la República, 1972.

VILLEGAS, Abelardo (Comp.). *Positivismo y Porfirismo*, México, Sepsetentas, 1972.

ZEA, Leopoldo. *El Positivismo en México. Nacimiento, apogeo y decadencia*, México, Fondo de Cultura Económica, 1968.

www.ingramcontent.com/pod-product-compliance
Lightning Source LLC
Chambersburg PA
CBHW032058080426
42733CB00006B/329